Genocídios e Apartheid no Oriente Médio:
uma perspectiva latino-americana

BRUNO LIMA ROCHA BEAKLINI

GENOCÍDIOS E APARTHEID NO ORIENTE MÉDIO

UMA PERSPECTIVA LATINO-AMERICANA

Porto Alegre
2024

© Editora Coragem, 2024.
© Bruno Lima Rocha Beaklini, 2024.

A reprodução e propagação sem fins comerciais do conteúdo desta publicação, parcial ou total, não somente é permitida como também é encorajada por nossos editores, desde que citadas as fontes.

www.editoracoragem.com.br
contato@editoracoragem.com.br
(51) 98014.2709

Projeto editorial: Thomás Daniel Vieira.
Coordenação: Marcelo Cortes.
Preparação de texto e revisão final: Nathália Cadore.
Arte da capa: Tomás Culleton.
Índice Onomástico: Taís Amorim.

Porto Alegre, Rio Grande do Sul.
Primavera de 2024.

Dados Internacionais de Catalogação na Publicação (CIP)

B366g Beaklini, Bruno Lima Rocha
    Genocídios e Apartheid no Oriente Médio: uma perspectiva latino-americana / Bruno Lima Rocha Beaklini; prefácio por Marcelo Cortes. – Porto Alegre: Coragem, 2024.
    320 p. : il.

    ISBN: 978-65-85243-25-4.

    1.Relações – América Latina – Oriente Médio. 2. Relações internacionais. 3. Genocídio palestino. 4. Apartheid – Palestina. 5. Geopolítica. 6. América Latina – História contemporânea. 7. Oriente Médio – História contemporânea. I. Cortes, Marcelo. II. Título.

                                                                                   CDU: 327(5-15)

Bibliotecária responsável: Jacira Gil Bernardes – CRB 10/463

Estes textos foram escritos entre os anos de 2020 e 2024, originalmente publicados no portal *Monitor do Oriente Médio* (MEMO) e republicados em diversos portais de mídias alternativas, e foram aqui reunidos e reorganizados com a intenção de compilar e divulgar as importantes análises propostas pelo autor.

Sumário

PREFÁCIO   **13**

AMÉRICA LATINA E ORIENTE MÉDIO   **19**

As relações entre América Latina e Oriente Médio:
fatos estruturantes   21

A América do Sul diante do genocídio palestino   29

A América Central diante do genocídio palestino   35

BRICS, CELAC e as ameaças para a hegemonia dos
EUA na América Latina   41

Argentina sob comando sionista: Milei é aliado
do Apartheid   51

Presidente argentino é cúmplice do terrorismo sionista   57

A vitória da centro-esquerda e a presença militar sionista
na Colômbia   63

A Venezuela e a aproximação com o Oriente Médio   69

Uruguai, Catar e a disputa pela projeção de poder na
América Latina   75

O impulso latino-americano e a síndrome do colonialismo   81

América Latina e a causa árabe-palestina na terceira
    década do século XXI — 87

A presença das empresas sionistas na Colômbia, Chile,
    Paraguai e Uruguai — 93

PALESTINA OCUPADA — 99

O martírio e a imortalidade da Voz da Palestina — 101

A permanente tentativa de "normalização" do Apartheid
    na Palestina Ocupada — 107

ONU, Palestina e o apartheid colonial do século XXI — 113

O papel das deportações e a limpeza étnica na geopolítica
    do Grande Oriente Médio — 119

Bandeiras de Israel nos atos da extrema direita: um
    debate de fundo — 125

ISLAMOFOBIA — 133

Islamofobia como arma de guerra política — 135

A face islamofóbica e colonizada do discurso de
    Bolsonaro na ONU — 141

As falsas acusações de antissemitismo como arma de guerra — 147

Javier Milei é islamofóbico e apoia o genocídio do
    povo palestino — 153

AFEGANISTÃO: UMA ABORDAGEM COMPREENSIVA — 159

Primeira parte — 161
Segunda parte — 167
Terceira parte — 173

CAZAQUISTÃO E ÁSIA CENTRAL — 179

Um debate sobre geoestratégia no limite da Ásia — 181

A crise do Cazaquistão como epicentro geopolítico — 187

IRÃ E O EIXO DA RESISTÊNCIA — 193

O legado do general Qassem Soleimani — 195

Grande Oriente Médio: projetando o imperialismo e a unidade na resistência — 201

O assassinato do Dr. Mohsen e o cinismo dos criminosos internacionais — 207

TURQUIA — 213

A vitória de Erdogan e seus impactos — 215

O "novo" equilíbrio do poder está na Eurásia e longe do G7 — 221

A diversificação latino-americana da política externa da Turquia — 227

Turquia, OTAN e novos cenários — 233

REFLEXÕES SOBRE A COPA DO CATAR — 239

Mundialização do capital e migrações forçosas — 241

A projeção da imagem palestina na Copa do Mundo do Catar — 247

NOVA MULTIPOLARIDADE   **253**

Brasil, BRICS e a defesa do Sul Global   255

O uso da moeda como arma de guerra e a
     nova bipolaridade   261

A erosão do dólar como moeda planetária e a
     necessidade de espaços econômicos continentais   267

A prévia do G20 de 2022 e a nova bipolaridade   273

A interdependência armada e a guerra econômica
     russo-estadunidense   279

O mundo pós-guerra russo-ucraniana e a nova
     bipolaridade ampliada   285

Crise e "desdolarização" da economia mundial,
     superando a hegemonia dos petrodólares   291

Alternativas eurasiáticas ao Sistema SWIFT e o
     controle dos EUA   297

Um mundo perigoso para os não subordinados ao
     multilateralismo de Washington   303

ÍNDICE ONOMÁSTICO   **311**

PREFÁCIO

por Marcelo Cortes

A importância destas temáticas ainda não ganhou uma atenção da imprensa mundial e do grande público — tanto intelectual quanto popular. Encontramos neste esforço analítico de Bruno Lima Rocha Beaklini uma série de questões estruturantes, que atualizam uma conjuntura política histórica denunciante, sendo também uma ferramenta para as disputas entre narrativas. A geopolítica aqui se entrelaça com os vínculos históricos, anunciando temporalidades políticas e econômicas. Temos retornos culturais e políticas sociais que nos apresentam momentos decisivos para nossas sociedades.

Dentre os excelentes diagnósticos e posições que apontam as perspectivas que interessam ao grande público, temos dados suficientes nestes estudos de Bruno Lima Rocha Beaklini para pensarmos um colonialismo em seu desenvolvimento de ultracapitalismo, nos mostrando as facetas das crises neoliberais na economia mundial. É apresentada uma meticulosa abordagem que anuncia as atualizações de genocídios conjunturais dos mais diversos, mobilizados por geoestratégias.

Podemos perceber uma nova fase da imagem do mundo em golpes e movimentos autoritários, em que a geopolítica da América Latina e do Oriente Médio descrevem planos e estratégias que acarretam processos sociais para a humanidade, em seu exercício ardiloso. As disputas entre Estados e a financeirização política privatista estabelecem zonas de conflito e guerras regionais, trazendo implicações diretas para a América Latina e para o Oriente Médio. Vários acordos e instituições nacionais e internacionais às vezes se combinam, se afastam e disputam espaços em colaborações sinistras. Dessa forma, temos disputas continentais imprescindíveis, que geram consequências políticas mundiais.

Os movimentos de libertação do Oriente Médio e da América Latina encontram nestes artigos seus desafios mais dramáticos, ambientais, para uma possível tomada de consciência política que busque evitar movimentos devastadores para nosso século, que estão expressas em doutrinas coloniais e racistas. O sionismo, a xenofobia, a islamofobia e processos semelhantes ligados ao grande capital racializado acabam promovendo massacres e bipolaridades ampliadas e transversais, eastabelecendo um apartheid palestino e latino-americano. Na leitura de Bruno Lima Rocha Beaklini podemos colocar espaços de alertas primordiais para nossa prática de resistência anticolonial, reativando zonas mortas da atividade de estudos, prática do pensar, luta engajada e combativa, no aspecto territorial, diante dos desafios que estamos enfrentando nas primeiras décadas do século XXI.

AMÉRICA LATINA E ORIENTE MÉDIO

As relações entre América Latina e Oriente Médio: fatos estruturantes

05 jan. 2024

Fazer um balanço das relações estratégicas ocorridas no ano de 2023 entre países latino-americanos e o Oriente Médio é uma tarefa que não cabe em um artigo de análise. No texto que segue vamos colocar atenção aos eventos ocorridos na Argentina, Bolívia, Venezuela e Brasil em âmbito multilateral.

Argentina fora dos BRICS: a maior das derrotas

Em 22 de dezembro de 2023, o recém-empossado presidente argentino Javier Milei reforçou em carta oficial o que já havia sido anunciado por sua chanceler, a banqueira Diana Mondino. O primeiro escalão da extrema direita do maior parceiro comercial latino-americano do Brasil anunciou "outra orientação em sua política externa, diferindo do governo anterior de Alberto Fernández". Ao não aderir como membro pleno do bloco dos BRICS — cujo convite partiu do Brasil —, a Argentina consolidou assim o maior dano de então às relações entre América Latina e Oriente Médio. O "novo muro de tijolos" teria uma lógica própria para sua expansão, operando na conta do petróleo e por meio do Sul Global, centrado, ao menos no momento, no Oriente Médio.

Os demais novos membros são: Egito, Arábia Saudita, Emirados Árabes Unidos, Etiópia e Irã. Com a desistência da Casa Rosada sob orientação neoliberal e colonizada, são cinco países aderentes, dos quais quatro com aliança explícita junto aos Estados Unidos há pelo menos quarenta anos. Fora o Estado persa, os demais se aproximaram da Casa Branca, tanto no período da Guerra Fria no mundo árabe como após vergonhosas traições e golpes de Estado, como é o caso do Egito e da Etiópia.

Para o "cálculo da desdolarização", a Argentina não aderir é uma perda considerável. No espaço geográfico latino-americano e especificamente no Cone Sul, perdemos uma chance histórica de inaugurar um fluxo contínuo de mercadoria e novos capitais financeiros, desdolarizado, balizando contratos em yuan e materializando uma nova arquitetura fiscal.

Uma das razões declaradas para não aderir supera o sionismo convencional, hegemônico nas elites políticas argentinas, e o neocolonialismo, majoritário na classe dominante do país, indo ao encontro do pior do chauvinismo político. Não por acaso, na recusa para filiar-se aos BRICS, Buenos Aires chegou a afirmar que seria "impossível" entrar em uma aliança com a presença de um inimigo estratégico do Estado sionista, em referência a Teerã. Milei diz "estudar" o judaísmo há anos e tenta formalizar sua conversão. Seu posicionamento vai de encontro à recente aliança da extrema direita estadunidense e o pacto entre neoconservadores e tele-evangelistas (neocon–telecon), advindo da década de 1990, ainda no final do governo de Bush pai. Javier Milei, em sua construção de personagem caricato, se insere neste campo como um discípulo do rabino nova-iorquino Simon Jacobson.

O ex-economista-chefe da empresa Aeropuertos 2000, parte do conglomerado Corporación America — comandado pelo bilionário Eduardo Eurnekian, o quinto mais rico da Argentina — foi projetado por um conjunto reduzido de empresários, conhecido como Círculo Rojo, incluindo seu coordenador de campanha, o gerente do fundo Blackrock para a América Latina, Darío Epstein. Nas duas visitas a Nova Iorque realizadas por Milei em 2023, líderes empresariais — "coincidentemente" também acólitos de Jacobson e de sua liderança no movimento Chabad-Lubavitch — estiveram presentes. Igual influência operou na escolha da representação diplomática argentina em Washington. Como se não bastasse, Benjamin Netanyahu convidou Milei para visitar os territórios palestinos ocupados em 1948, sob controle estrangeiro desde então. De sua parte, o novo presidente argentino, tal como Horacio Cartes — sócio do doleiro brasileiro Dario Messer —, se comprometeu em transferir a embaixada argentina para Jerusalém ocupada.

O rabino que fez Javier Milei "chorar" revelou que: "Quando uma pessoa ganha uma eleição, além de haver questões de políticas de campanha, há sempre uma coreografia misteriosa. Nestes momentos estranhos em que vivemos, com o que aconteceu na Ucrânia e o ataque terrorista do

Hamas, é muito raro que um estranho ganhe desta forma e se torne uma figura tão importante".

Definitivamente a vitória eleitoral de Milei e a ascensão da extrema direita na Argentina implicou na recusa de ingresso como membro pleno dos BRICS, resultando na maior das derrotas para as relações latino-americanas com os países do Oriente Médio até então.

Bolívia e Irã: aproximação estratégica intermediada por China e Venezuela

Em julho de 2023 os governos da Bolívia e do Irã realizaram uma série de acordos em Teerã e na sequência houve uma visita formal de autoridades iranianas à cidade de La Paz. Embora não tenha sido revelado o teor do memorando de entendimento e seu cronograma de execução, algumas conclusões já podem ser tomadas. O início das conversações de alto nível se deu entre os presidentes Luis Arce e Ebrahim Raisi, em uma reunião bilateral realizada em setembro de 2022, nos bastidores da 77ª Assembleia Geral da Organização das Nações Unidas (ONU).

O acordo assinado pelo ministro boliviano da Defesa, Edmundo Novillo Aguilar, e seu homólogo iraniano, Mohammad Reza Ashtiani, foi além de cooperação em segurança e defesa para incluir desenvolvimento científico. Como é sabido, a indústria aeroespacial e eletrônica do Irã é bastante avançada e suas aeronaves não tripuladas (drones) já são utilizadas por 22 países. Considerando que a Bolívia é rica em minerais estratégicos, incluindo lítio — sendo parte do Triângulo desse mineral, concentrando 60% das reservas mundiais conhecidas junto a Argentina e Chile —, é de se esperar o avanço em cadeias de valor e benefícios. O mesmo já ocorre no convênio da YLB (Yacimientos de Lítio Boliviano, a estatal específica do país) e a *joint venture* com o consórcio chinês liderado pela empresa Contemporary Amperex Technology (CATL), a CMOC Group e a Guangdong Bangpu Cycle Technology, também da China.

Dessa forma, a Bolívia atrai atenção (e vigilância) do Departamento de Estado e do Comando Sul, sobretudo por sua aproximação a economias fortalecidas na Ásia e Eurásia e a determinação em gerar indústrias de beneficiamento em áreas estratégicas, como no comércio de minerais raros. Outro fator importante na relação entre o governo Arce e o Irã é a tradição de ambos na indústria petrolífera, podendo implicar em futuros acordos entre a YPFB (estatal de petróleo e derivados boliviana) e sua correspondente iraniana, a NIOC.

Relações entre Venezuela e Turquia

Outra importante aproximação entre América Latina e Oriente Médio se deu por meio do incremento das relações da Venezuela com a Turquia. Em junho de 2023 o mandatário venezuelano Nicolás Maduro realizou uma visita oficial e teve reuniões de alto nível em Ancara, junto ao presidente turco Recep Tayyip Erdogan.

Segundo a agência oficial turca TRT, na conferência de imprensa conjunta realizada na capital turca, Erdogan disse que seu país "sempre apoiou a Venezuela" e que "continuará a fazê-lo no futuro". Observou também que há muitos campos em que ambos os países podem aumentar sua colaboração, incluindo comércio, energia, mineração, construção, saúde e turismo.

"O nosso volume de comércio com a Venezuela foi de cerca de U$ 150 milhões em 2019. Duplicamos este índice em 2020 e aumentamos para U$ 850 milhões em 2021", disse Erdogan, ao reiterar que o objetivo do seu governo é aumentar o valor a U$ 3 bilhões num futuro próximo. Em 2023, a meta foi de fato alcançada.

Os dois líderes estiveram presentes na cerimônia de assinatura de três acordos bilaterais sobre turismo, agricultura e economia antes da conferência de imprensa. O giro de Maduro pelo Oriente Médio também incluiu uma visita a Arábia Saudita. Ambos os Estados têm uma proximidade histórica em função de serem membros plenos da Organização dos Países Exportadores de Petróleo (OPEP).

Adesão do Brasil ao grupo OPEP +, coordenado pela Rússia e aliado da OPEP

No final do mês de novembro de 2023, outro movimento das relações estratégicas entre América Latina e Oriente Médio se deu por meio de uma iniciativa multilateral. Após a garantia de ingresso de produtores de petróleo e derivados como Arábia Saudita, Emirados Árabes Unidos e Irã — além de Etiópia, Egito e o recuo da Argentina — ao bloco dos BRICS, um convite inverso também adveio.

O Brasil foi convidado a aderir ao consórcio conhecido como OPEP+, composto por Rússia, México, Cazaquistão, Omã, Azerbaijão, Malásia, Bahrein, Sudão do Sul, Brunei e Sudão. Junto aos membros da OPEP — além dos novos aderentes aos BRICS, incluindo Venezuela, Congo, Gabão, Guiné Equatorial, Líbia, Argélia, Nigéria, Angola e Kuwait —, ambas as alianças controlam efetivamente o volume de produção e preços dos barris de óleo cru, lutando permanentemente contra os índices especulativos dolarizados, o Brent e o WTI.[1] Com a entrada do Brasil, a posição dos Estados Unidos se enfraqueceu consideravelmente e o OPEP+ adquiriu capacidade de ampliar suas operações sem o uso do dólar, conforme uma definição estratégica do grupo dos BRICS.

Conclusão

O movimento pendular da política externa junto à América Latina, por parte de países do Oriente Médio, membros dos BRICS, OPEP ou pivôs geopolíticos como a Turquia, implica grande oportunidade de desenvolvimento de novas cadeias de alto valor agregado, assim como a conversão de excedentes em avanço técnico-científico. Esse é o pêndulo positivo.

Por outro lado, o jogo de força contra o sionismo e a projeção de poder dos Estados Unidos no Oeste da Ásia é colocado no centro das atenções latino-americanas, sobrepondo as iniciativas do Império para a América Latina, podendo inaugurar uma nova etapa de golpes de Estado, operações de *lawfare*, espionagem e desestabilização de nossas sociedades.

O destino do século XXI parece estar em jogo em nossa região.

---

1. Brent e West Texas Intermediate (WTI) são categorias de petróleo cru, usados como referência na precificação mundial do petróleo. [N. do E.]

A América do Sul diante do genocídio palestino

14 nov. 2023

A Operação Tempestade de Al-Aqsa (07 de outubro de 2023) e o consequente cerco de Gaza (naval, terrestre e aéreo) por parte de sionistas e dos Estados Unidos da América atinge boa parte das sociedades civis latino-americanas e, respectivamente, a diplomacia oficial a partir dos aparelhos de Estado. Evidente que as posições se alteram diante do genocídio do povo palestino e a comoção social gerada.

Na América Latina e Caribe, a maior parte dos países tenta manter uma posição "equidistante" do chamado "conflito assimétrico". Ou seja, com maior ou menor proximidade, termina buscando se afastar no seio da luta pela libertação da Palestina embora aceite alguma condenação dos crimes de lesa humanidade por parte do Estado sionista. A lista das posições aparece em detalhes em matéria da DW[2] (Deutsche Welle, empresa pública alemã de rádio e televisão).

---

2. Ver Luis García Casas, "As divergências na América Latina sobre guerra Israel-Hamas", *DW*, 06 nov. 2023. Disponível em: https://www.

As posições mais duras contra Israel são da Bolívia, Venezuela, Cuba e Nicarágua. Os governos que chamaram o embaixador de volta foram os da Colômbia e do Chile. Para a média de relações sul-americanas, os "pontos fora da curva" seriam estes dois últimos. Neste trabalho, vamos nos concentrar nas posições sul-americanas e, em escrita posterior, nos ateremos ao cenário centro-americano. O caso boliviano — que veremos com mais detalhes — representa a gangorra do continente.

Vale observar que o ponto fora da curva diante da presença de propaganda e constrangimento midiático pró-sionista é a Argentina. No maior parceiro comercial do Brasil dentro do continente, o alinhamento com Israel é maior e "quase orgânico". Há uma enorme comunidade judaica hegemonizada pelas instituições Delegação das Associações Israelitas Argentinas (DAIA) e Associação Mutual Israelita Argentina (AMIA). Os atentados realizados durante o governo do traidor Carlos Menem, em março de 1992, contra a embaixada de Israel em Buenos Aires, e em julho de 1994 na própria AMIA, ratificam essa posição.

Em plena campanha presidencial, em 2023, das cinco candidaturas em primeiro turno, a única concorrente que defendeu a posição pró-Palestina foi justamente uma militante de esquerda trotskista e de origem judaica, Myriam Bregman. Os demais se pronunciaram publicamente por Israel e condenaram o Hamas como "organização terrorista". No segundo turno, entre Sergio Massa (Unión por la Patria, do peronismo hegemônico) e Javier Milei (La Libertad Avanza, extrema direita), ambos se posicionaram a favor dos sionistas.

---

dw.com/pt-br/as-divergências-na-américa-latina-sobre-guerra-israel-hamas/a-67321754. Acesso em: 10 set. 2024. [N. do E.]

Já no caso chileno, com a maior comunidade palestina fora do Mundo Árabe, a relação não é proporcional. A defesa da Causa Palestina não é hegemônica no sistema político, ficando a cargo da esquerda, enquanto as forças da direita e extrema direita se posicionam por Israel. Contraditoriamente, o empresariado palestino tem relações diretas com a mesma direita (como o ex-presidente Sebastián Piñera e o líder protofascista Kast) que apoia a ocupação da Palestina e está vinculada à presença dos Estados Unidos no país.

Na Colômbia, o presidente Gustavo Petro se comportou de forma consequente e aproveitou a oportunidade para se distanciar ainda mais das posições domésticas alinhadas com os Estados Unidos. Para interpretar corretamente a posição da "Casa de Nariño" (sede do Poder Executivo colombiano), é preciso entender a subordinação do país aos EUA, incluindo a presença de tropas terrestres estadunidenses e a ingerência do Comando Sul alegando razões "de segurança continental". Dessa forma, é uma acumulação política importante para a centro-esquerda colombiana confrontar o aliado estratégico do Império e — corretamente — alinhar o país de Camillo Torres ao eixo de crescimento econômico eurasiático.

O caso boliviano materializa a gangorra e a diplomacia presidencial

O Estado Plurinacional da Bolívia começou a tensionar sua relação com o poder estrangeiro que ocupa a Palestina desde o ano de 2006. Não por acaso, se trata da segunda guerra contra Gaza a caminho da semi-independência (as colônias de sionistas haviam sido expulsas ainda no ano de 2005). Simultaneamente, foi a segunda campanha militar na qual a resistência libanesa liderada pelo Hezbollah derrota as forças europeias. Na guerra contra os mesmos territórios (Palestina, na Faixa de Gaza, e o Líbano) em 2009, o então presidente boliviano Evo Morales Ayma rompe relações diplomáticas com Tel Aviv.

O retorno dessas relações se dá na sequência do golpe de Estado na Bolívia, quando o resultado das eleições de outubro de 2019 não foi aceito pelas forças mais à direita, o que resultou, no mês seguinte, no golpe liderado pela extrema direita de Santa Cruz de la Sierra. O primeiro país a reconhecer a presidência ilegítima e golpista da hoje presidiária Jeanine Áñez foi o então presidente brasileiro Jair Bolsonaro.

Segundo o próprio G1 (portal *online* de notícias da Rede Globo), a Bolívia anunciou na quinta-feira (28 de novembro de 2019) o restabelecimento das relações diplomáticas com Israel. Como dissemos, o Estado Plurinacional sul-americano havia rompido as relações com o Estado Sionista desde 2009, ainda sob o governo de Evo Morales.

A chanceler do governo golpista boliviano, Karen Longaric, afirmou à época que o governo interino pretendia: "retificar todo o mal que fez o governo anterior. O mínimo que poderia se esperar deste governo era retificar a política externa — uma política externa extraviada e que não atendia aos interesses próximos do Estado e que era altamente ideologizada".

Logo na sequência, o então ministro das Relações Exteriores do Estado Colonial, Yisrael Katz, afirmou que soube da decisão do governo boliviano "com satisfação". Essa não foi a única mudança de rumo nas relações exteriores. O golpe de Estado reposiciona a Bolívia diante de uma leitura anacrônica de "guerra de fronteiras ideológicas". Áñez rapidamente buscou se diferenciar da política externa de seu antecessor: distanciou-se de Cuba e Venezuela, aliados políticos de Morales, ao expulsar 725 médicos cubanos e reconhecer Juan Guaidó como presidente interino venezuelano após romper relações com Nicolás Maduro.

Era evidente que a posição do presidente e ex-ministro de economia do MAS, Luis Arce — eleito um ano após o golpe de Estado de 2019 — desde o início do mandato é desconfortável na relação com Israel. A interna do partido de governo é rachada e as duas lideranças (Arce e Morales) absolutamente antagônicas. No distanciamento ou proximidade com o Estado Colonial, a polêmica era igualmente dura. A pressão interna e as excelentes relações econômicas com a Venezuela, China, Rússia e Irã — além da aproximação com a Turquia — posicionam o país de forma alinhada ao desenvolvimento por meio do eixo eurasiático auxiliam a tomada de decisão que Arce vinha protelando ao máximo.

Assim, quase três anos após tomar posse, o governo da Bolívia tornou-se, em 31 de outubro de 2023, o primeiro país latino-americano a romper relações diplomáticas com Israel devido à operação militar que ocorre na Faixa de Gaza. A decisão foi anunciada pela ministra da Presidência, María Nela Prada, e pelo vice-chanceler das Relações Exteriores, Freddy Mamani.

Segundo a ministra e chanceler interina: "A Bolívia tomou a determinação de romper relações diplomáticas com o Estado de Israel em repúdio e condenação da agressiva e desproporcional ofensiva militar que ocorre na Faixa de Gaza. Exigimos o fim dos ataques na Faixa de Gaza, que até agora causaram milhares de mortes de civis e o deslocamento forçado de palestinos; bem como a cessação do bloqueio que impede a entrada de alimentos, água e outros elementos essenciais à vida, violando o Direito Internacional e o Direito

Internacional Humanitário no tratamento da população civil em conflitos armados".

No dia 1º de novembro de 2023, às 14h48min da tarde, o ex-presidente Evo Morales pressionou ao seu rival e correligionário Luis Arce (atual mandatário da Bolívia) e publicou o seguinte texto na rede social X (ex-Twitter):

> Ontem Israel atacou o campo de refugiados de Jabalia, o maior de Gaza, matando pelo menos 145 pessoas. Estes crimes continuarão se não forem tomadas medidas concretas.
>
> O governo da Bolívia tem a obrigação de:
>
> 1. Declarar Israel como um Estado Terrorista.
>
> 2. Denunciar Netanyahu e os seus cúmplices ao Tribunal Penal Internacional.
>
> 3. Convocar representantes dos EUA e da União Europeia ao Ministério dos Negócios Estrangeiros para explicar porque fornecem apoio político, militar e diplomático para que estes crimes sejam cometidos.
>
> Esse é o sentimento do povo boliviano.

Evo forçou a posição boliviana até conseguir o tom da década anterior. No período em que Hugo Chávez governou a Venezuela (1999–2013), Rafael Correa o Equador (2007–2017) e Evo Morales a Bolívia (2006–2019), a então Aliança Bolivariana para os Povos da América (ALBA), as posições eram mais antagônicas ao sionismo e alinhadas com os inimigos estratégicos deste projeto colonial, como as resistências palestina e libanesa.

A diferença fundamental é a internalização dos interesses externos. Definitivamente, o inimigo sionista ocupa espaço significativo em nossas sociedades e cabe confrontar esse perigo contra as soberanias do continente.

A América Central diante do genocídio palestino

06 dez. 2023

O istmo centro-americano é composto pelos seguintes países, ao norte fazendo fronteira com o México, ao sul fazendo divisa com a Colômbia: Guatemala, Belize, El Salvador, Honduras, Nicarágua, Costa Rica e Panamá. São países com bastante diversidade interna e sempre com uma relação tensa com os Estados Unidos, apesar de um intenso fluxo migratório para o norte e reenvio de dinheiro desde a imigração. Neste trabalho, observamos o comportamento de cada um desses Estados durante os meses de outubro e novembro de 2023 em função da guerra do Estado Sionista contra o povo palestino.

A posição dos países centro-americanos diante do genocídio contra Gaza

Logo após o início da operação Tempestade em Al Aqsa, o presidente salvadorenho, de família palestina e cujo pai é um veterano da insurgência da Frente Farabundo Martí para la

Liberación Nacional (FMLN)[3], reforçou a tese do Departamento de Estado comparando o Hamas a uma organização terrorista e com supostos laços criminais. Nayib Bukele afirmou que "a melhor coisa que poderia acontecer ao povo palestino é o desaparecimento do Hamas e a prosperidade de boas pessoas nos Territórios Palestinos".

Além disso, sentenciou que o Hamas "não representa os palestinos". Isso foi publicado dias depois do atentado de 7 de outubro. Bukele comparou o grupo islâmico com o que está acontecendo em seu país. "Qualquer pessoa que apoie a causa palestina cometeria um grande erro ao aliar-se a estes criminosos. Seria como se nós, salvadorenhos, tivéssemos ficado do lado dos terroristas do MS13 (gangue), só porque partilhamos ancestrais ou nacionalidade".

Desde então, não fez qualquer declaração nem o seu governo emitiu outra declaração oficial. Para o único presidente de um país soberano e de origem palestina o virtual ditador salvadorenho envergonha a todas as comunidades árabes da América Latina. Por sorte o mau exemplo do traidor não se reproduz em outros lugares.

No dia 03 de novembro o governo de Honduras, sob o comando da presidenta Xiomara Castro, mandou retornar o embaixador de seu país do Estado Colonial do Apartheid Sionista. O duro comunicado diplomático alega que a retirada do representante do país do cacique Lempira é a constante violação do direito internacional e humanitário por parte das forças supremacistas financiadas pelos Estados Unidos. Segundo a chancelaria de Tegucigalpa:

---

3. Frente Farabundo Martí para la Liberación Nacional (FMLN) é um partido político socialista de El Salvador, originário da guerrilha civil contra o governo ditatorial de direita apoiado pelos EUA, na década de 1980. [N. do E.]

> A Secretaria de Relações Exteriores comunica à população hondurenha e aos meios de comunicação nacionais e internacionais [...], diante do genocídio e da grave situação de violação ao direito internacional humanitário — bem como da violação ao essencial direito à vida vivenciada pela população civil palestina, vítima inocente da vingança de Israel contra o Hamas —, [...] o seguinte: Honduras condena energicamente o genocídio e as graves violações ao direito internacional humanitário que está sofrendo a população civil palestina na Faixa de Gaza. Isso constitui um crime contra a humanidade.

O outro país que avançou na condenação internacional a carnificina sionista foi Belize, outrora uma possessão inglesa e com a presença de capitais transnacionais de duvidosa precedência. A chancelaria de Belmopã (capital do pequeno país) afirma que há um problema sistemático de violação de direitos humanos. As autoridades de Belize decidiram retirar a aprovação ao credenciamento de Einat Kranz-Neiger, embaixador designado de Israel na nação, bem como suspender todas as atividades realizadas pelo Consulado de Israel em Belize e a nomeação do cônsul. No comunicado informaram que:

> Desde 7 de outubro de 2023, as Forças de Defesa de Israel (IDF) envolveram-se em bombardeamentos indiscriminados e implacáveis em Gaza, que mataram mais de 11.000 civis inocentes, a maioria mulheres e crianças. O bombardeamento destruiu muitos edifícios e infra-estruturas, incluindo hospitais, escolas e outras construções. Israel violou sistematicamente o direito internacional, o direito humanitário internacional e os direitos humanos dos habitantes de Gaza. O Governo de Belize também retira o seu pedido de acreditação de Jonathan Enav como Cônsul Honorário de Belize.

Já a Nicarágua, sob a controversa presidência de Daniel Ortega e Rosario Murillo (sua vice e esposa), havia rompido relações com o Apartheid Sionista em 2010. Por um movimento alegadamente "pragmático" retomou os laços diplomáticos mas se manteve distante de Tel Aviv em 2017. Ainda assim não houve proximidade alguma com a política sionista, um membro do Comitê Executivo da Organização pela Libertação da Palestina (OLP) foi recebido em Manágua no dia 13 de novembro. Antes a Assembleia Nacional havia declarado: "Nicarágua se solidariza com o povo palestino, reiterando que somos um país amante da paz. Condenamos a ocupação da Faixa de Gaza, que gera uma grave situação humanitária para o povo palestino, uma ocupação que produz vítimas e dor na população".

Anteriormente, numa declaração intitulada "Basta de vítimas e de dor", o Poder Executivo da Nicarágua afirmou:

"Condenamos veementemente, como sempre, esta situação trágica, dramática que se agrava continuamente, face à arrogância, cegueira, incompreensão e inacção da comunidade internacional e particularmente as Nações Unidas. O povo palestino e israelita tem o direito de viver em segurança e paz. Devemos contribuir respeitosamente para o diálogo que garanta os seus direitos e o pleno reconhecimento dos seus Estados".

Imediatamente após o dia 07 de outubro, a Costa Rica afirmou que: "condena da forma mais enérgica os atrozes e deploráveis ataques terroristas do Hamas contra Israel", dizia o comunicado divulgado nesse dia pelo Ministério dos Negócios Estrangeiros, que depois expressou "solidariedade ao governo e ao povo de Israel" e rejeição ao terrorismo.

Também em outubro de 2023 foi anunciado por Manuel Tovar, chefe do Ministério do Comércio Exterior

(Comex), como um mês "chave" na negociação de um acordo de livre comércio (TLC) entre a Costa Rica e Israel. Em março desse ano de 2023, numa visita de Tovar a Israel, juntamente com o Ministro da Economia e Indústria do Estado Colonial do Apartheid, Nir Barkat, foi anunciada a intenção de negociar este TLC.

Já o governo do Panamá, envolto em um grave conflito sócio-ambiental interno, se posicionou de modo a retirar seus nacionais de lá. País que conta com importante comunidade palestina, também viu israelenses que lá residem retornarem para a Palestina Ocupada de modo a cumprir com a missão de matar mulheres e crianças árabes. A chancelaria panamenha fez esforços imediatos já no terceiro dia de "conflito" e nesse sentido se posicionou de forma mais negocial, semelhante ao Ministério de Relações Exteriores do Brasil, até conseguir a retirada da primeira leva de brasileiros de Gaza.

Na América Central, o país mais próximo do Estado Sionista é a Guatemala. Tel Aviv, em todo o período que os setores "trabalhistas" governaram os Territórios Ocupados em 1948, apoiou a repressão interna, ajudou no treinamento de esquadrões da morte e na inteligência das tiranias que sucederam o mandato constitucional de Jacobo Árbenz em 1954, derrubado por um golpe de Estado da CIA.

O atual presidente, Alejandro Giammattei, além de insistir em tentar promover um golpe de Estado contra o presidente eleito Bernardo Arévalo (só assume em janeiro de 2024), no próprio dia 07 de outubro emitiu o seguinte comunicado:

> O Governo da Guatemala, através do Ministério das Relações Exteriores, condena veementemente os ataques ocorridos hoje em Israel, vindos de Gaza, e expressa a sua mais profunda preocupação com estes atos terroristas. O Governo da República transmite

a sua solidariedade ao Povo e ao Governo de Israel, especialmente às famílias das vítimas, e defende a rápida restauração da paz neste país amigo.

Não é por acaso que nesse país está a maior presença de peso eleitoral das chamadas "igrejas neopentecostais", praticantes de um proselitismo sionista e com o costume de decorar a capital do país com bandeiras de Israel.

Linhas conclusivas

O istmo centro-americano forma um conjunto de países sob ameaça direta e constante dos Estados Unidos. Para além das idiossincrasias de cada país, há uma presença constante de setores árabes que terminam compondo o topo da pirâmide de classes, sendo socialmente brancos e nem sempre leais aos seus territórios de origem. Infelizmente, a descendência palestina não é exceção e o exemplo de Bukele é o mais aterrador de todos, mas não é o único.

Em contrapartida, a memória da luta social vincula o movimento popular e a insurgência das últimas décadas do século XX com a epopeia da resistência palestina. No que diz respeito ao desenvolvimento econômico e às disputas intracapitalistas do século XXI, os BRICS formam uma saída viável e levam a alguma simpatia para com a Causa Palestina. A combinação desses fatores pode vir a superar a presença estadunidense, neopentecostal e sionista, ainda preponderante nas elites centro-americanas.

Obs: Este artigo foi escrito antes do cessar fogo temporário entre o Apartheid Sionista e a Resistência Palestina.

BRICS, CELAC e as ameaças para a hegemonia dos EUA na América Latina

04 set. 2023

Estamos diante de uma nova etapa, a inauguração de um novo longo ciclo de desenvolvimento econômico, disputa intracapitalista e possibilidades de crescimento ou estagnação no redesenho da hegemonia mundial. Impulsionado pela China e secundado por Índia e Rússia, a economia asiática integrada é o motor da expansão mundial, ameaçando seriamente o poder ocidental, ainda liderado pelos Estados Unidos. Na América Latina, o paradoxo é ainda maior.

Nossas economias regionais (estados, departamentos e províncias, governos subnacionais em geral) são mais vinculadas e dependentes em relação à China (e à Índia também) do que aos EUA. Já no fluxo financeiro e na liquidação de contratos, o dólar segue sendo a moeda corrente tanto do comércio mundial, como da estabilidade e dos fundos que proporcionam as finanças públicas. Se o dólar diminui o uso como moeda corrente internacional, o Império perde uma de suas bases de exercício de poder — talvez a mais relevante. Essa possibilidade de perda de poder da moeda estadunidense e do crescimento das relações BRICS e os países latino-americanos é o objeto deste artigo.

Potenciais e fragilidades internas

A Cúpula dos Países Sul-Americanos, realizada no Brasil no dia 30 de maio de 2023, implicou na retomada formal da União das Nações Sul-Americanas (Unasul, fundada em maio de 2008, mais de um ano antes do golpe de Estado em Honduras, que inaugura a era da *lawfare* em nosso continente). A versão ainda mais expandida da Unasul é a Comunidade dos Estados Latino-Americanos e Caribenhos (CELAC), fundada em dezembro de 2011, menos de um antes do golpe contra Fernando Lugo no Paraguai, o guarda-chuva mais amplo das relações intracontinentais e que refletem uma projeção estratégica de nossos Estados Nacionais.

Em janeiro desse mesmo ano, a 7ª Conferência da CELAC em Buenos Aires marcou o retorno do Brasil para a montagem dessa grande aliança. Não por acaso, o evento seguinte foi um encontro entre a CELAC e a União Europeia (3ª Cúpula, em Bruxelas, julho 2023), cujas condições para uma aliança, um acordo entre blocos, são bastante invasivas. É por essa razão que o acordo tangível entre o Mercosul e a Europa Unificada (na zona do euro) não prosseguiu, considerando a exigência de Bruxelas e da Comissão Executiva Europeia (o governo de facto não eleito e balizado no poder financeiro de Frankfurt) para que os países do Cone Sul abrissem as "compras de governo" para fornecedores externos, gerando com essa medida — caso fosse aceita — mais desemprego e perda de indústrias e sistemistas.

Já a 15ª Cúpula dos BRICS, realizada em agosto em Joanesburgo (África do Sul), implicou um passo importante, com o aval para o ingresso da Argentina no bloco (assim como Arábia Saudita, Emirados Árabes Unidos, Egito, Etiópia e Irã). A partir de janeiro, a aliança econômica vai congregar três gigantes na produção de alimentos, Brasil, Argentina e Rússia (nessa ordem), além de líderes da produção de petróleo e os dois motores da economia mundial, China e Índia. A dimensão do que está por vir, com transações financeiras não dolarizadas dentro do bloco, implica em uma rigorosa análise. Na perspectiva de médio prazo, os prováveis resultados indicam que a CELAC pode ganhar fôlego com a Unasul, esta com o Mercosul, e tudo passa pela projeção internacional do Brasil e sua aliada estratégica, a República Argentina (sob ameaça direta da extrema direita ocidental incidindo em seu processo eleitoral[4]).

Todos os cálculos do governo Lula implicam em trazer o futuro mandatário da Casa Rosada junto, mas Brasília sabe que isso pode não acontecer e necessita uma constante política de fomento da engenharia pesada na África (a exemplo do que volta a ocorrer por meio do BNDES em Angola). Já na frente interna, em ambos os países a situação é delicada. A patética e antieconômica propaganda destrutiva do neofascismo operando no Brasil implica que a "solução produtiva" é a aplicação da linha chilena (pinochetismo) em larga escala, aprofundando a primarização de nossos países,

---

4. Pouco tempo depois da publicação deste artigo, a extrema direita conquistou o poder na Argentina com a eleição de Javier Milei, em 22 de outubro de 2023. [N. do E.]

como enormes fazendas e minas pós-coloniais, vendendo grãos e minérios até o fim dos tempos. Na Argentina, a pregação de suicídio econômico é a mesma. Logo, tudo o que vier no sentido contrário é alentador, ainda mais se a aliança econômica não implicar em intervenções nas finanças públicas (tal é o caso do FMI) ou na política doméstica. Nesse último caso, a família Bolsonaro e o sionismo estão à frente, projetando a aliança neofascista e ultraliberal, por meio de entidades como a Conferência Política da Ação Conservadora (CPAC) e outras excrescências.

O Fórum Econômico de Vladivostok e a aproximação com os BRICS

Enquanto os Estados Unidos projetam discursos mais de tipo moralista, ou então exportam a desinformação estrutural por meio de aparelhos de difusão comandados por gente como Donald Trump ou Steve Bannon, as políticas econômicas voltadas às parcerias internacionais são o forte dos países membros dos BRICS. Tal é o caso de um importante evento que irá ocorrer justamente em Vladivostok, no Extremo Leste russo, em plena costa do Pacífico asiático e geograficamente próximo da Península da Coreia. Segundo a página oficial do evento, o 8º Fórum Econômico do Oriente de 2023 irá ocorrer de 10 a 13 de setembro de 2023 em Vladivostok, no campus da Universidade Federal do Extremo Oriente (FEFU). Segundo seus organizadores:

> O Fórum Econômico do Oriente é uma plataforma internacional fundamental para estabelecer e reforçar laços dentro das comunidades de investimento russas e globais, e para uma avaliação especializada abrangente do potencial econômico do Extremo

Oriente russo, das oportunidades de investimento que oferece e das condições de negócios no âmbito econômico especial avançado nessas zonas.

A possível — provável — análise positiva dos desenvolvimentos recentes e do impacto de seus resultados na Conferência do BRICS e a importância do fórum em fortalecer as relações russas com os países latino-americanos pode estar localizada nessa parte específica do evento e na programação. Se observarmos o programa central, além das diversas oportunidades abertas com os debates e os possíveis investimentos ou expansão de tipo "ciclo virtuoso", temos as seguintes partes diretamente vinculadas aos BRICS — o que amplia o espaço para os países latino-americanos — partindo da liderança do Brasil e a partir de janeiro de 2024, da Argentina. O encontro de Vladivostok não por acaso começa no mesmo dia em que se encerra a reunião anual do G20, em Nova Deli, na Índia. Vejamos o que o Fórum apresenta:

• Refino de petróleo e gás: um motor de crescimento econômico;

• Agro e Biotecnologia: Como Alimentar 8 Bilhões de Pessoas?

• Da molécula ao produto: o desenvolvimento de cadeias de processamento profundo de matérias-primas (focando na produção de polímeros);

• Desafios Globais da Agenda Verde: Teste de Resiliência e um Catalisador para a Cooperação entre os Países BRICS;

• Um novo modelo político e econômico para o mundo;

• Logística Marítima: Estratégias para Crescimento Exponencial;

• O Oceano Mundial: Oportunidades Globais para a Frota Russa;

- EAEU (União Econômica Eurasiática: Rússia, Bielorússia Casaquistão, Quisguistão e Armênia) e BRICS: papel na formação de um novo mundo multipolar;
- Logística Ferroviária numa Nova Era: Realidades, Desafios e Oportunidades;
- Clusters Industriais: O Caminho para a Soberania Tecnológica.

Uma alternativa global ao domínio ocidental: os desenhos e contornos do futuro

Os tópicos anteriores são uma parte considerável do Fórum Econômico de Vladivostok, especificamente nos temas e debates que transcendem as políticas e iniciativas de integração do Extremo Oriente (*Far East,* do termo/conceito em inglês) e podem gerar o excedente de poder necessário para intervir com os BRICS e por meio destes (incluindo os novos membros). Já a parte da programação do evento especificamente relacionada com os BRICS — e de forma ampliada, com a América Latina — diz respeito à urbanização das megalópoles do Sul Global e as manchas urbanas latino-americanas.

Cruzando as linhas de financiamento do Novo Banco de Desenvolvimento (NDB, o Banco dos BRICS) e as necessidades de vivermos em cidades mais sustentáveis, menos poluídas e poluidoras, o Fórum tem na sua programação focada no seguinte:

> Os principais desafios e a modernização da legislação na esfera do desenvolvimento territorial integrado, do planejamento diretor e do desenvolvimento da

> cooperação com os países do BRICS serão discutidos pelos participantes na sessão plenária da plataforma de discussão internacional Roscongress Urban Hub no 8º Fórum Econômico Oriental a ser realizado de 10 a 13 de setembro em Vladivostok. A EEF é organizada pela Fundação Roscongress.

A Fundação Roscongress tem como um de seus projetos o "Roscongress Urban Hub, uma plataforma de discussão internacional dedicada ao desenvolvimento da investigação e da cooperação empresarial no desenvolvimento urbano. A parceria internacional baseia-se nos Objetivos de Desenvolvimento Sustentável (ODS) e na Nova Agenda Urbana da ONU. Ele foi projetado para se tornar um centro intelectual para ideias inovadoras da economia urbana. A plataforma foi inaugurada como parte do Fórum Econômico Internacional de São Petersburgo em 2023".

Já viemos escrevendo a respeito do Fórum de São Petesburgo e em seu frutífero esforço de aproximação econômica com os países africanos e a própria União Africana, por meio da parceria com o Afreximbank (African Export-Import Bank). Nada é por acaso. A temporalidade e a concomitância do avanço de uma nova hegemonia interna e aliança com a Rússia na África subsaariana, em especial no Sahel (com ênfase em Burkina Faso, Mali e Níger), não são nenhuma coincidência.

Considerando a cooperação chinesa e russa que avançam no continente africano, e a possibilidade concreta de que a hegemonia do Ocidente seja secundarizada, nos parece óbvio que a projeção de poder dos EUA sobre a América Latina não deixe de incidir e nem operar para não admitir essa perda.

BRICS e o fim da hegemonia do dólar?

O professor de economia Paul Craig Roberts ocupou postos-chave na administração dos Estados Unidos, mas como acadêmico estudou planejamento econômico no modelo soviético, economia política internacional e a relação entre política externa e economia doméstica. Suas considerações a respeito da perda da hegemonia do dólar estadunidense e as implicações inflacionárias para a sociedade concreta da ainda superpotência se relacionam diretamente com o destino da América Latina. A conta petróleo fora do dólar pode ser o caminho de saída para o financiamento do Tesouro dos EUA por meio da subordinação de países inteiros. Vejamos.

A Arábia Saudita anunciou o fim do petrodólar quando começou a aceitar o pagamento do petróleo em outras moedas. Os BRICS estão tentando alguma forma de fazer comércio entre si sem recorrer ao dólar americano, o que, de fato, põe fim ao papel do dólar como moeda de reserva mundial.

O que isso significa para Washington é que os EUA vão começar a ter problemas de financiamento para os seus grandes déficits orçamentais e comerciais. Enquanto o dólar foi a moeda mundial, os bancos centrais estrangeiros mantiveram as suas reservas em dívida do Tesouro americano. À medida que os déficits orçamentais e comerciais dos EUA aumentavam, o mesmo acontecia com as reservas do sistema bancário mundial.

A situação vai mudar. Se uma dúzia de países que constituem cerca de metade da população mundial e 40-45% do PIB mundial deixarem de usar o dólar, o mercado dos bancos centrais estrangeiros para a dívida dos EUA diminui consideravelmente. Tendo externalizado a sua produção, os EUA dependem das importações. A diminuição da utilização do dólar significa uma diminuição da oferta de clientes para a dívida dos EUA, o que significa pressão sobre o valor de troca do dólar e a perspetiva de aumento da inflação devido ao aumento dos preços das importações.

Já podemos dimensionar a perda de influência dos EUA na América Latina?

Essa é a pergunta-chave. É possível dimensionar a perda de influência de Washington nos poderes de fato em nossas sociedades. O paradoxo é do tamanho do desafio. Por um lado, as relações econômicas se voltam cada vez mais para o eixo asiático, portanto, mais próximas dos BRICS. Por outro, nas relações sociais e produção de opinião e preferências circulantes, nossas sociedades se moldam de forma subalterna aos Estados Unidos.

As semelhanças são várias: trabalho precário, economia financeirizada, um absurdo poder empresarial, o *lobby* sionista lado a lado com o sionismo neopentecostal, guerra cultural enfrentando a um progressismo tímido e esvaziado, assim como a distância que se nota com Ásia e África. A América Latina deve e pode buscar seu (nosso) próprio caminho de desenvolvimento, sem necessariamente imitar sistemas políticos dos novos sócios. Mas, para isso, será sempre preciso derrotar o inimigo interno, mais preocupado com seus próprios rendimentos e a condição pós-colonial subalterna, do que se aventurar a disputar poder no Sistema Internacional.

Esse é o desafio do tempo presente, no "longo século XXI".

Argentina sob comando sionista: Milei é aliado do Apartheid

17 maio 2024

Infelizmente, desde dezembro de 2023, o principal parceiro comercial e país aliado do Brasil, a Argentina, está sob desgoverno de apostadores do mercado financeiro e totalmente aliado do chamado Ocidente. Em especial, o presidente é um subalterno a Washington e Tel Aviv.

A relação mais direta de Javier Milei, um economista típico da Argentina na Era Menem (o ex-presidente traidor do seu país e da Causa Árabe) se deu por meio de um "timbero" (especulador do cassino financeiro) de nome Dario Epstein. Esse sujeito é operador do fundo Blackrock (o maior sistema de fundos de investimento do mundo) e tomador final de decisão do grupo Pampa Energía S/A.

A Blackrock também é acionista de importantes empresas, mas principalmente da Pampa Energía SA, da Glencore e dos quatro primeiros bancos privados que operam na Argentina em volume de depósitos, que ao mesmo tempo são os maiores detentores de títulos de dívida do Tesouro em pesos e Letras de Liquidez (Leliq), Notas de Liquidez

(Notaliq) e acordos de recompra passivos do BCRA, que são empréstimos dos bancos ao BCRA dos depósitos que cobram do público argentino. Os quatro maiores bancos privados da Argentina hoje são Santander-Río, BBVA, Galiza e Macro, sendo que em todas as quatro a Blackrock reconhece ter parte do capital social.

Todas essas empresas são acusadas de lavagem e evasão de dinheiro, por meio de compra de dólares sem origem e envio para o exterior. Não por acaso Milei quer aprovar uma legislação que transforma a Argentina em uma enorme lavanderia financeira e paraíso fiscal. Epstein e seus sócios — menemistas — Roque Fernández e Carlos Rodríguez estão por trás dessa proposta obscena. Curiosamente, o empresário que condena os acampamentos estudantis em defesa da Palestina nas universidades da América do Norte não assumiu cargos no governo que ele ajudou a montar e financiar a campanha. Segue sendo um dos sócios em uma "consultoria", a Research for Traders, junto a Gustavo Neffa (outro "timbero" de origens semelhantes).

Milei se subordina a Israel

O ultraliberal e neofascista presidente eleito da Argentina, Javier Milei, mesmo antes do início da guerra de 07 de outubro promovida pelo Apartheid contra o povo palestino, já tinha anunciado que, se vencesse, os seus dois principais aliados seriam os Estados Unidos e Israel.

"Estou mantendo minha promessa de que o primeiro país que visitaria seria Israel e obviamente venho apoiar Israel contra os terroristas do Hamas", disse Milei ao ministro das Relações Exteriores, Israel Katz (o mesmo que se dedica a caluniar o Brasil pelas redes sociais e articular com a corja fascista nacional), assim que chegou ao Aeroporto Internacional Ben Gurion.

A sua escolha de viajar para Israel — um país em guerra — como primeiro destino, após uma breve visita à Conferência Mundial Capitalista Davos em janeiro, vai muito além do pessoal. Javier Milei reproduz o proselitismo Neocalvinista, o mesmo que reproduz no Brasil e nos EUA a chamada "teologia do domínio". O presidente disse que tudo se encontra em duas publicações, "no segundo livro da Torá" e "em Shemot". E concluiu: "Sem dúvida o maior herói da liberdade de todos os tempos é Moisés".

Para Milei, a ligação entre Israel e a liberdade é "fundamental" porque é um poder, na sua opinião, que foi capaz de fundir "o espiritual e o material". "É muito importante compreender a ligação entre a liberdade e Israel. É fundamental porque é um ponto que também consegue uma conjunção entre o espiritual e o material; essa harmonia espiritual e material gerou progresso", afirmou.

Milei e a tese da superioridade "cultural"

Milei concedeu entrevista ao "jornalista" Ben Shapiro pouco antes da resposta simbólica iniciada pelo Irã contra Israel, e só nesta data o programa foi ao ar no canal do apresentador de extrema direita no *YouTube*.

Pelo visto, qualquer semelhança com as palavras do presidente da Confederação Israelita Brasileira (CONIB), o médico oftalmologista e também empresário Claudio Lottenberg, não é nenhuma coincidência. Segundo o igualmente presidente do Conselho Deliberativo da Sociedade

Beneficente Israelita Brasileira Albert Einstein e Presidente do Instituto Coalizão Saúde:

> Não há explicação racional para o motivo pelo qual a Palestina se tornou uma causa progressista de topo sem o devido aprofundamento. Para mim o palestinismo assim como está constituído na "Palestina" e em todo o mundo, é sem dúvida o movimento mais pouco progressista do planeta. A questão é querer se aprofundar o que muitos não desejam por acomodação ou por mera conveniência fruto de uma relação maculada com a intolerância.
>
> Simplesmente porque não há um caso progressista para a Palestina. Todas as evidências são de que os palestinos em uma Palestina independente apoiada pelo Hamas e pelo Irã não seriam mais livres e provavelmente menos livres do que são agora.

Ou seja, para o médico Lottenberg e o financista Milei, há uma suposta superioridade moral no ato de colonizar uma terra que não lhe pertence, exterminar a população nativa com orçamento dos EUA e deter o direito da virtude, mesmo construindo um "país fictício" em cima de limpeza étnica. O Estado Sionista é fruto de *pogrom* enorme e permanente e quem o defende é cúmplice deste genocídio.

Tem mais.

A Argentina sendo oferecida para as empresas sionistas

Vejamos os objetivos da chanceler de Milei, Diana Mondino, na visita ao Estado Sionista, em conjunto com seu presidente. Começou com uma aposta de mais cassino financeiro. Primeiramente, a ministra das relações exteriores manteve uma reunião de trabalho com os diretores da *startup* eToro — plataforma de investimentos fundada em 2007. Essa empresa é alvo de seríssimas acusações na Austrália, especificamente no negócio de criptomoedas.

Depois, o segundo compromisso tratou do botim de minério estratégico. Mondino reuniu-se então com diretores da XtraLit, startup israelense que desenvolve um método de extração direta de lítio de recursos aquosos, e que está em processo de seleção de projetos para aquisição, produção e geração de valor agregado de lítio na Argentina.

Na sequência, aprofundou o colonialismo nos mananciais de água. Mondino (que é economista, neoliberal e herdeira de banqueiros) realizou uma reunião de trabalho com executivos da Mekorot, a empresa estatal de água de Israel, um país "líder na gestão de recursos hídricos" — roubando água dos outros — em todo o mundo. Mekorot é a empresa estatal israelense denunciada pela ONU por realizar "apartheid hídrico" contra o povo palestino.

O último encontro foi do tipo "clássico", no reforço da política austericida. Da mesma forma, Mondino manteve um encontro com o economista Leonardo Leiderman, Conselheiro Chefe do Banco Hapoalim, o maior banco comercial de Israel (e com culpa admitida de crime financeiro nos EUA), com quem discutiu o delicado contexto econômico e financeiro da Argentina e as oportunidades que se abrem a partir das mudanças políticas introduzidas pela nova administração. Além disso, falaram sobre programas de estabilização e principalmente sobre o sucesso do plano que Israel aplicou na época para baixar a inflação, no qual trabalhou o economista.

Milei, Mondino, Epstei, a trupe menemista e o ministro da Economia Luis Caputo (e apostador do cassino financeiro) são partes de um todo que querem a Argentina colônia. Para tal juram lealdade a um Ocidente imaginário e ao Estado Sionista. Asseguram essa servidão voluntária pois atendem seus interesses mesquinhos (tanto individuais como frações de classe dominante) e violam a própria soberania colocando o Comando Sul dos Estados Unidos para gerir setores estratégicos do país. Ainda bem que a "gloriosa juventude argentina", tão acostumada a dar a volta por cima, lado a lado com um povo organizado e que luta sem parar, está fazendo o máximo possível para acabar com este espólio e usurpação do poder concedido pelo voto.

Presidente argentino é cúmplice do terrorismo sionista

18 jul. 2024

Na sexta-feira, 12 de julho de 2024, o desgoverno de Javier Milei apresenta mais um ataque contra a nação árabe, o Mundo Islâmico e a Causa Palestina. No comunicado número 51 do porta-voz oficial do Poder Executivo sob o mandato do ex-participante de programas de auditório, consta o seguinte texto islamofóbico:

> Cidade de Buenos Aires, 12 de julho de 2024.
>
> A Presidência da República informa que o grupo HAMAS foi declarado pelo Estado argentino como organização terrorista internacional.
>
> O HAMAS assumiu a responsabilidade pelas atrocidades cometidas durante o ataque a Israel em 7 de outubro. Isto se soma a uma extensa história de ataques terroristas em seu nome.
>
> Além disso, nos últimos anos foi revelada a sua ligação com a República Islâmica do Irã, cuja liderança foi considerada responsável pelos ataques contra a Embaixada de Israel em Buenos Aires e contra a AMIA pelo Tribunal Federal de Cassação

Penal em 11 de Abril. Estes ataques custaram a vida a mais de 100 cidadãos argentinos.

O Presidente Javier Milei tem um compromisso inabalável em reconhecer os terroristas pelo que são. É a primeira vez que há vontade política para o fazer.

Este Governo reiterou em múltiplas ocasiões a sua convicção de que a Argentina se alinha mais uma vez com a civilização ocidental, respeitando os direitos individuais e as suas instituições. Por esta razão, é inadmissível que aqueles que os atacam não sejam declarados o que são: terroristas.

No mesmo comunicado, a base de acusação ao Hamas é absurda e falha. O Irã foi julgado e condenado pela Câmara de Cassação Penal no dia 11 de abril, atendendo ao pedido da Delegação de Associações Israelitas Argentinas (DAIA, equivalente à CONIB no país vizinho) como responsável pelos atos terroristas contra a Embaixada de Israel em Buenos Aires, em março de 1992, e a Associação Mutual Israelita Argentina (AMIA), em julho de 1994. Evidente que o governo iraniano respondeu à acusação absurda.

Nada é "coincidência". Na mesma decisão judicial, os operadores de inteligência recebem penas leves ou comutadas e o próprio Carlos Saúl Menem (falecido) é perdoado. Os condenados foram o ex-juiz Juan José Galeano e os ex-promotores Eamon Mullen e José Barbaccia. Não custa lembrar que o sobrinho de Carlos Saúl e filho de Eduardo Menem, Martín Menem, é presidente da Câmara de Deputados e operador político de confiança dos neofascistas e ultraliberais aliados ao sionismo.

A alegação direta contra o Hamas é baseada em uma mentira. O Movimento de Resistência Islâmica na Palestina Ocupada é considerado terrorista por Milei pelos atos de 07 de outubro (que hoje sabemos que foi o emprego do Código Hannibal por parte das tropas coloniais sionistas) e por suas relações com o Irã (conforme o comunicado). A primeira acusação é falsa e, a segunda, uma manobra da "justiça" argentina — não por acaso julgada apenas em 11 de abril — cuja suprema corte no governo anterior blindava o ex-presidente Macri ao mesmo tempo em que a maior parte dos magistrados compartilhava os finais de semana com o empresário acusado de lavar dinheiro e em cujo período à frente da Casa Rosada multiplicou por vinte a dívida externa argentina.

Segundo o portal *El Sudamericano*, mas citando diretamente uma extensa investigação do jornal israelense Haaretz, se explica que o código Hannibal visa "impedir os sequestros, mesmo às custas das vidas das pessoas sequestradas". Inicialmente, os militares começaram a implantar *Ziks*, drones de assalto não tripulados. Mais tarde, foram disparados morteiros e depois projéteis de artilharia. O Haaretz também confirmou que o exército sabia que civis israelenses também haviam sido feitos reféns, mas a ordem foi dada às 11h22: "Nem um único veículo pode retornar a Gaza".

Naquela altura, as Forças de "Defesa" de Israel (IDF, na sigla em inglês) não sabiam a extensão dos raptos ao longo da cerca de Gaza, mas sabiam que muitas pessoas estavam envolvidas. Portanto, o significado da mensagem e o destino de algumas das pessoas sequestradas eram perfeitamente claros. Por outras palavras, algumas, se não uma grande parte, das mortes israelenses naquele dia.

O Hamas responde

De imediato, semelhante absurdo teve resposta. No site do jornal português *Notícias ao Minuto*, em sua seção de mundo, saiu a resposta da força político-militar que lidera a resistência palestina em Gaza. Vejamos.

> É uma tentativa clara de justificar os crimes de genocídio e de limpeza étnica cometidos pelos neonazis da ocupação contra crianças e mulheres na Faixa de Gaza. Consideramos que esta decisão injusta é errada e tendenciosa a favor da ocupação nazi, que está perante o Tribunal Internacional de Justiça por ter cometido o crime de genocídio contra o nosso povo palestino. O Movimento de Resistência Islâmica exige que o governo argentino se retrate dessa decisão e se abstenha de alinhar com a narrativa criminosa da ocupação sionista e se coloque do lado da justiça e do direito dos povos à liberdade e à autodeterminação.

Além disso, defende o direito à resistência diante da ocupação estrangeira, e corretamente nega as falsas acusações de crime de guerra durante a operação Inundação de Al Aqsa, em 07 de outubro de 2023. O governo (ou desgoverno, que seria o termo mais apropriado) de Javier Milei, Luis Caputo e outros asseclas têm vínculos com o movimento Chabad-Lubavitch, com grande presença dentro das forças armadas sionistas (chegando ao limite de portar suas bandeiras nos tanques israelenses atirando contra crianças palestinas). Ao mesmo tempo, além das conexões diretas com o supremacismo colonial, também há uma espécie de "corrida do ouro", visando o saque das riquezas argentinas. Vejamos.

Os capitais sionistas na Argentina de Milei

A decisão manipulada da Justiça (2ª turma da Câmara de Cassação Penal) deu o discurso legitimador para o governo Milei acusar o Hamas. A extrema direita argentina usou como argumento para dar sequência a um dos traumas nacionais e faturar politicamente contra a ex-presidenta Cristina Kirchner.

Para além dos discursos a favor do sionismo, também forma uma espécie de carta de intenções aos capitais sionistas. Notadamente se vê a presença da empresa estatal israelense Mekorot na exploração de lítio e da Xtralit também nesse setor, além da Navitas como sócia de uma petrolífera inglesa na exploração de petróleo no mar territorial argentino, mas próximo das Ilhas Malvinas. O botim avança não só na entrada de capitais sionistas externos, mas também com uma parcela do chamado Círculo Vermelho, a elite mais sanguessuga do país. O presidente que quando economista ajudou a quebrar um enorme fundo de previdência privado (Maxima AFJP), entrou com um projeto que visa beneficiar a um dos investidores diretos da candidatura de Milei, o também sionista Eduardo Elsztain (um dos maiores empresários do país, ex-sócio de George Soros).

O governo atual da Argentina foi construído por meio de uma campanha de desinformação por meio de redes sociais, promessas absurdas e uma certa anestesia de parte da opinião pública e das classes sociais excluídas na Argentina. No cenário internacional, opera como uma cabeça de ponte tanto do imperialismo clássico (estadunidense e ocidental) como do sionismo. Está disposto a avançar a todo custo e pode gerar um impacto cruel em seu país. É preciso denunciar ao ultraneoliberal em suas sandices e defender o direito à resistência do povo palestino.

A vitória da centro-esquerda e a presença militar sionista na Colômbia

23 jun. 2022

Comecemos pelo fato mais relevante. A vitória obtida pela chapa Gustavo Petro e Francia Márquez, da coalizão social-democrata do Pacto Histórico teve 11.281.013 votos e 50,44% do total. Petro, ex-integrante da guerrilha nacionalista do Movimento 19 de Abril (M-19), obteve um aumento de 2.739.396 votos e um crescimento de 32,1% em relação ao primeiro turno. O ex-senador e ex-prefeito de Bogotá recebeu a maioria dos votos centristas, assim como importantes liberais, conservadores e setores políticos, cristãos, além de setores que estavam como abstencionistas.

A derrota no segundo turno foi da aliança de extrema direita de Rodolfo Hernández e Marelen Castillo da Liga de Governadores contra a corrupção. O ex-prefeito de Bucaramanga teve 10.580.412 votos, equivalendo a 47,31% do total. Comparando ao primeiro turno, foi um crescimento de 4.615.077 votos e aumento proporcional de 77,4%. Na corrida eleitoral de duas etapas, conseguiu somar a maioria, mas não todos os votos das candidaturas de direita de Federico Gutiérrez que o apoiou com seu movimento (um uribismo discreto) e o dublê de engenheiro, senador e pregador pentecostal, John Milton Rodríguez.

O país está realmente dividido, porque a chapa Petro-Márquez venceu em 17 territórios, repetindo os do primeiro turno, com exceção de dois outros. Em Bogotá, obteve maioria, além das costas atlântica, no Pacífico, nas zonas de maioria afro-colombiana e na Amazônia. Já o ativista de extrema direita com milhões de seguidores no *Tik Tok* venceu em 16 territórios, repetindo os do primeiro turno. Conseguiu a esperada transferência de votos da conservadora Antioquia assim como outras tradicionais praças do uribismo (a versão do paramilitarismo na política oficial). O empresário foi líder nas regiões andinas, teve ampla margem nos redutos conservadores e minoria na Amazônia.

É importante lembrar que o ciclo das revoltas populares colombianas, as de 2019 e 2021, sedimentaram as bases para que uma parte dessa juventude sem perspectiva aceitasse até o "voto útil". Segundo o Grupo Libertario Vía Libre, que organizou com maestria as informações e dados dos Registro Nacional do Estado Civil, o segundo turno contou com a participação de 58,09% do número total de eleitores. Isso representa 1.217.089 votos a mais e um aumento de 3,1% se comparado ao primeiro turno. Foi um importante crescimento na participação eleitoral, considerando as mais que justificadas desconfianças da cidadania do país de Manuel Marulanda para com o viciado sistema eleitoral oligárquico.

Outro ponto importante, fundamental eu diria, além de diminuir os níveis de pobreza e de extrema pobreza (totalizando quase 50% da população), é mudar em parte o modelo econômico exportador. Junto da sanha por terras, um número de deslocados internos (mais de 7 milhões de pessoas) e a presença de 2 milhões de venezuelanos ampliam a margem de pessoas desassistidas. O total de "venecos" na terra de Camillo Torres ainda está em desvantagem aos mais de 3 milhões de colombianos no país vizinho e fortalece a ideia de complementaridade nas relações cotidianas. Idem se considerarmos a região de Táchira e outras zonas de fronteira como no território Wayuu.

A dimensão estruturante da sociedade colombiana não é apenas o pacto oligárquico, pois entre as famílias mais abastadas e as forças imperiais (como CIA e DEA) tampouco há consenso. O problema de fundo é a violência estatal e paraestatal, quase sempre relacionada a uma economia de guerra interna e licenças pouco lícitas de exploração econômica (como nas zonas de mineração). Nesse quesito do uso sistemático da força contra populações desassistidas, a diáspora árabe na América Latina tem especial interesse.

As relações Colômbia e Israel

Desde a primeira década do século XXI, ainda sob o governo do ex-líder das Autodefesas Unidas da Colômbia (AUC), o ex-presidente Álvaro Uribe Vélez, que há uma intensa relação diplomática, comercial e com presença de "assessores especiais" de Israel no país de García Márquez. O próprio Hugo Rafael Chávez Frías, ainda em vida e no auge de seu governo, afirmou essa perigosa tendência.

Em agosto de 2020, o herdeiro de Uribe e notório neoliberal com passagens por Washington, o ainda presidente

Iván Duque, assinava um Tratado de Livre Comércio entre Bogotá e Tel Aviv. De maneira entusiástica, dizia que 97% dos produtos colombianos entraria no Apartheid Sionista sem pagar tributos. E, como é regra nas relações internacionais, haveria contrapartida vinda dos invasores da Palestina. Que tipo de reciprocidade seria?

Um exemplo pode ser o emprego do fuzil Galil, de patente israelense, que além de ser a arma de emprego regular do Exército Colombiano, também é produzido no país de Raúl Reyes. Como se não bastasse, a aviação militar de nosso país vizinho tem caças Kfir em sua frota. A articulação se deu por meio de outro ex-presidente, Juan Manuel Santos, quando ainda era titular da pasta da Defesa do ex-encarregado das aeronaves do Cartel de Medellín (Uribe novamente). Até 2001 isso não ocorria, mas no alinhamento do Plano Colômbia e com mais de 1 bilhão de dólares "investidos" lá pelo Departamento de Defesa, as relações mudaram. Com o triste fato da presença de tropas terrestres ostensivas subordinadas ao Comando Sul do Império, além de militares estadunidenses, outros "assessores" ali estão presentes.

Os intercâmbios não param, sendo que nos vinte primeiros anos do século XXI milhares de colombianos haviam feito intercâmbio e treinamento do programa Mashav, promovido pelo Ministério de Relações Exteriores do Apartheid. A Colômbia se torna assim o país latino-americano com maior fluxo de cidadãos sob influência direta de professores e projeções de tipo *soft power* (nas áreas de tecnologia, medicina e agricultura, além de temas militares) vindas de europeus invasores da Cananeia de Issa.

Desde a década de 1980 que a Esmeralda do Caribe tem a perigosa presença de mercenários e consultores sionistas. O "pioneiro" — ao menos publicamente conhecido — é Yair Klein, o tenente-coronel israelense treinou e estabeleceu doutrina e emprego para as AUC, tendo antes uma tenebrosa passagem pelo Cartel de Medellín. Vale ressaltar que ambas as organizações estiveram sob a sombra da oligarquia antioquina e da família Uribe Vélez. Outro ex-militar israelense de triste presença na Colômbia é Rafi Eitan.

Ainda em 2020, o Exército Colombiano publicava notícia entusiasta celebrando a presença de dez assessores israelenses, dando instrução para suas forças especiais. Considerando que boa parte desses profissionais militares sionistas depois vão para a iniciativa privada e que esses laços entre "camaradas de armas" costumam ser duradouros, a tendência é sempre de complementaridade entre a cooperação oficial, em um segundo momento a oficiosa mesmo que sob estória cobertura de relações privadas.

O reconhecimento necessário

Em maio de 2021 o então senador Gustavo Petro afirmou que "reconheço o povo Palestino, quero que exista um Estado Palestino". Uma boa forma de materializar esse discurso é suspender o TLC com o Apartheid Sionista e interromper todo e qualquer intercâmbio com os herdeiros da Palmach, Irgun e Stern[5], ocupando as terras roubadas com a Nakba e a Naksa, influenciando ainda mais as já muito conturbadas forças militares colombianas. Isso seria um gesto imediato, tanto de afastamento do colonialismo

---

5. Organizações paramilitares/terroristas sionistas. [N. do E.]

no Bilad al-Sham como um recado para o Império e seu Comando Sul.

Quase todos os países latino-americanos sofrem de pressão interna do *lobby* sionista, pressão externa vinda dos EUA nesse tema e tendem ou a reproduzir a "teoria do empate" ou a vergonhosamente se alinharem com os ocupantes. No caso da Colômbia, o país sofre diretamente a ação dos especialistas militares invasores da Palestina e pode dar uma virada nesse *modus operandi* tenebroso.

A Venezuela e a aproximação com o Oriente Médio

21 jun. 2022

Desde os tempos áureos do governo Hugo Chávez que a Venezuela tem uma aliança estratégica com o Irã. Essa aproximação implicava em *joint ventures* industriais, como na necessidade de maquinário agrícola iraniano de modo a ajudar o país a conquistar a soberania alimentar (ainda não atingida). Diante do acirramento das sanções, ambos os países se vêem em um destino comum de confronto tanto com os EUA como contra o sionismo e suas projeções de poder na América Latina.

Infelizmente, estamos na era do chavismo sem Chávez, e a guerra econômica contra a terra de Ali Primera amplia o cerco ao povo venezuelano. Insisto, toda a solidariedade anti-imperialista não pode e jamais deveria implicar em um adesismo sem pudor. Na contrapartida, a crítica não pode fazer coro com os inimigos externos e os conspiradores a soldo do Império. Nicolás Maduro não tem a mesma qualidade de liderança de seu antecessor, e o mundo está numa etapa mais tensa do que no auge da onda rosa latino-americana e a ascensão dos BRICS. Com todas essas ressalvas, parece que esse giro pelo Oriente Médio e a orientação de sua política externa está correta.

O presidente da Venezuela vai ao Oriente Médio

Enquanto a prepotência imperial excluía da "Cúpula das Américas" a Venezuela, Cuba e Nicarágua, o mandatário do Palácio Miraflores iniciava um giro pelo Oriente Médio e o Cáucaso, a partir de 07 de junho de 2023. A recuperação econômica do país de Douglas Bravo indicou 6% no ano de 2021 e, com esses números, Maduro tenta atrair investimentos e acordos nas áreas de energia, comércio, turismo, saúde, tecnologia e agricultura.

Outra agenda importante é a abertura de voos diretos, por meio da estatal venezuelana Conviasa, tanto para Doha (Catar) como para Teerã (Irã). Tudo dá a entender que é a intenção de estabelecer laços permanentes, tanto com o emirado do Catar como com países com envergadura de potência média e polo de macrorregião, como Turquia e Irã.

No Estado persa, Maduro afirma uma "amizade indestrutível" com setores de cooperação nas áreas de petróleo, gás e petroquímica. Uma frente importante é a nível financeiro, com o Banco Nacional de Desenvolvimento Irã-Venezuela, além do relevante e necessário setor de defesa. Os acordos teriam duração de vinte anos, espelhando algo semelhante realizado entre Teerã, Beijing e Moscou. Na zona de encontro entre a Eurásia, o Oriente Médio e a Ásia, acordos de compensação equilibrando *commodities*, moeda aduaneira e investimentos, totalizando quase meio trilhão de dólares também em vinte anos de prazo.

Em sua estada na Argélia, o sucessor de Hugo Rafael ressaltou as semelhanças entre a luta de Argel e Caracas, confrontando, respectivamente, tanto cenários regionais hostis como confrontos com o imperialismo. Apontando as relações no médio prazo, foi anunciada uma comissão mista binacional de alto nível visando uma agenda nos campos econômico, energético, comercial e cultural. O presidente argelino anunciou uma rota aérea entre as duas capitais, a ser lançada no prazo de dois meses após o término da visita.

Antes de ir a Argel, a visita de Maduro foi a Ancara, capital da Turquia. Como já dissemos, além do Irã, a terra de Mustafá Kemal é o outro pilar da política externa venezuelana na região. Entre 2020 e 2021, o comércio bilateral entre os dois países cresceu 300%. A perspectiva para 2022, a partir dos três primeiros meses do ano, é que as cifras podem ultrapassar 1 bilhão e meio de dólares. O líder do Partido Socialista Unido da Venezuela (PSUV) tenta atrair investimentos do empresariado turco, tanto na praça financeira de Istambul como dos Tigres da Anatólia, a cada vez mais fortalecida burguesia apoiadora do AKP, o partido de Erdogan.

A contrapartida turca é relevante, pois, apesar de o país ser membro da OTAN, se posiciona abertamente contra as sanções aplicadas como sabotagem da economia venezuelana.

Maduro também esteve no Kuwait e fez pronunciamentos para fortalecer a OPEP e a OPEP+, a aliança ampliada da Organização. Os membros permanentes são Angola, Arábia Saudita, Argélia, Catar, Congo, Emirados Árabes Unidos, Guiné Equatorial, Gabão, Irã, Iraque, Kuwait, Líbia, Nigéria e Venezuela. Na versão ampliada estão Rússia, México, Azerbaijão, Bahrein, Brunei, Cazaquistão, Malásia, Omã, Sudão e Sudão do Sul. Na relação direta com o emirado do Golfo, a cooperação foi no sentido de acordos na área de gás e energia, além de projetos de produção em agricultura de larga escala.

O giro terminou no Cáucaso, com a presença mais protocolar de Maduro em Baku, capital do Azerbaijão.

A Venezuela e sua política externa "não alinhada"

Como já observamos em artigos anteriores, a economia venezuelana sofre das típicas mazelas de país petroleiro, a analogia conhecida como "doença holandesa" e também "herança bananeira". Na primeira analogia, brinca com a excelência do gado e das pastagens dos Países Baixos. A segunda comparação é mais terrível, em que a praga monoexportadora se aplica na tradição da província petroleira centenária, inaugurada nas explorações do combustível fóssil na região de Táchira, ainda no ano de 1875.

Se formos comparar o desenvolvimento do petróleo nos EUA — nesse mesmo período — e a consequente conversão de excedentes em atividades industriais ainda no último quarto do século XIX, compreenderemos o poderio do país que emergiu das Treze Colônias com o subdesenvolvimento das províncias exportadoras. O governo venezuelano sabe disso e desde o ano 2000 tenta avançar na reconversão de capitais petrolíferos em outras atividades produtivas.

A sabotagem interna, as sanções externas e a incapacidade produtiva é uma soma terrível para um país que não tem até hoje a soberania que se adquire com a segurança alimentar. Por essas razões óbvias, o giro de Maduro por países que pertencem tanto a OPEP como a OPEP+, com a correspondente assinatura de convênios de curto, médio e longo prazo, pode ser o canal de respiro para desenvolver finalmente a complementaridade de cadeias de valor fundamentais para assegurar a viabilidade do país.

Considerando que o lastro da economia dolarizada mundial ainda é o petróleo, qualquer acordo que não esteja submetido aos índices especulativos e permita transações financeiras e complexas é bem-vindo. Qualquer saída para além do absurdo ICE Brent (a base de cálculo do Mar do Norte impondo preços em todo o mundo, incluindo os praticados no Brasil com a Petrobrás sob administração entreguista) e com contratos não assinados em dólares já ajuda no esforço comum para escapar do cerco econômico.

Evidente que o subtítulo é mais provocador do que "saudosista". Reconhecemos que o papel dos países exportadores e produtores de petróleo, com o lastro financeiro e a capacidade de liquidez que os fundos oriundos dessa indústria geram, formam "naturalmente" a primeira linha de alianças de um país petroleiro como a Venezuela. Boa parte desses países sofre com ação hostil dos EUA e do sionismo, outra parcela mesmo que cúmplice se vê "desconfortável" diante das pressões no Mundo Islâmico. Logo, a soma de uma *commodity* estratégica e a complexidade econômica de potências médias (como Irã e Turquia) pode representar o "fôlego" necessário para o chavismo sem Chávez superar a sua pior recessão acompanhada de hiperinflação e cerco de inimigos internos e externos.

Nosso continente sofre permanente pressão imperial de Washington, mesmo que economicamente a China hoje seja mais importante do que os EUA. A Venezuela já se viu cercada nos últimos anos e precisa de uma política externa e alianças ampliadas que possibilitem uma saída econômica já no curto prazo.

Uruguai, Catar e a disputa pela projeção de poder na América Latina

22 dez. 2021

Nos últimos dias 12 e 13 de dezembro, o presidente uruguaio Lacalle Pou (Partido Nacional e uma coalizão de direita e centro-direita) realizou uma visita ao reino do Catar.

Segundo o gabinete da Presidência da República Oriental do Uruguai, a viagem cumpriu os objetivos:

> "Com o Catar, temos economias complementares, e eles conhecem a qualidade dos alimentos na região e no nosso país", disse. Lacalle acrescentou que no mundo de hoje são pilares muito importantes como o cuidado com o meio ambiente, a segurança, o cumprimento e a clareza das regras do jogo no longo prazo, condições que o Uruguai cumpre.
>
> A agenda incluiu uma reunião "que nos deixou satisfeitos" com o gerente-geral da companhia aérea Qatar Airways, a quem foi apresentado um plano para expandir a conectividade, afirmou.
>
> Além disso, o presidente visitou a Fundação Catar para educação, inovação e pesquisa, onde estão

localizadas oito universidades internacionais. Ele considerou que a capacidade daquele campus é deslumbrante, e o objetivo é aproximar algumas dessas instituições do país.

Na área comercial, participou de duas rodadas de negócios com a câmara de comércio do Catar, principalmente voltada à importação de alimentos, e com investidores estrangeiros daquele país. "Temos oportunidades de investimento em infraestrutura, portos, estradas e empreendimentos alimentícios de longa data que precisam de uma injeção de investimento", explicou.

Lacalle Pou também valorizou os aspectos da tradição do Catar com seu compromisso com a inovação. "Geramos um bom relacionamento com o emir do Catar para continuar cultivando a relação bilateral entre os dois países", disse.

Para iniciar um debate interpretativo da relevância desse tipo de acordo e de complementaridade econômica, é necessário uma breve retrospectiva histórico-estrutural do Uruguai.

O Uruguai industrial que nunca se realizou

Apenas com os anúncios nesse discurso observamos alguns aspectos fundamentais no jogo de poder do Sistema Internacional (SI) e nos fundamentos da Economia Política Internacional (EPI). O Uruguai é um país pequeno, que garantiu sua independência na segunda guerra, após a lastimável derrota do excelente projeto da Liga Federal dos Povos Livres, comandada pelo caudilho popular José Gervasio Artigas. Na derradeira libertação, apenas uma fração da província oriental se consolida como Estado uruguaio, considerando que a antiga Província das Missões Orientais é tomada pelo Império Luso-Brasileiro, tornando-se território da Província de São Pedro.

Desde a expulsão das tropas luso-brasileiras e dos acordos derradeiros de 1828, o Uruguai tem essa condição de Estado tampão no antigo realismo regional do Rio da Prata e Cone Sul, como também a perene vocação agroexportadora.

A crise do modelo agrícola e de exportação intensiva vem desde a primeira metade da década de 1950, sendo o biênio 1954–1956 o marco de intensas lutas coletivas. A desindustrialização chegou ao país com o fechamento de plantas frigoríficas, mas conviveu também com o período clássico de Industrialização por Substituição de Importações (ISI), em que nossos países da América Latina produziam cerca de 80% do que consumiam. Com a crise da dívida e a dependência acentuada no ciclo das ditaduras, sendo a uruguaia de 1973 a 1985, antecedida pelo período chamado de "ditadura constitucional" (dezembro de 1967 a junho de 1973), a democracia política veio junto com o desemprego estrutural, a lavanderia financeira dos capitais argentinos e de duvidosa procedência, além de uma "vocação para serviços, turismo e alimentos".

Se os convênios internacionais com fundos como o catari forem adiante, teremos uma nova fase na economia uruguaia. Em termos de integração internacional, o país passou por um ciclo semelhante ao proposto pelo "Partido Blanco", nos tempos áureos da ALBA, com os recursos petrolíferos venezuelanos sendo disponibilizados por meio dos recursos do Banco de Desenvolvimento Econômico e Social da Venezuela (BANDES). Entre 2005 e 2012 houve investimento pesado no Uruguai, bem como em demais países latino-americanos sob os governos de turno de centro-esquerda. A lógica era simples e razoável. Utilizar os excedentes do petróleo venezuelano, integrando cadeias industriais recuperadas e criando transnacionais (TNCs) a operar no Sul Global. Foi a mesma medida tomada pelo BNDES brasileiro e que escandalizou os operadores da Lava Jato municiados de informações e dados de inteligência por meio dos departamentos de Estado e de Justiça dos EUA.

A estratégia do Catar por meio do seu fundo soberano

Segundo a Autoridade de Investimentos do Catar (QIA, na sigla em inglês), os setores para aplicar os recursos oriundos de excedentes e transformados em instrumentos financeiros são: imóveis; semicondutores e tecnologia de alta resolução; fundos de investimentos; logística e consumo; *commodities*; saúde; infraestrutura e setores industriais. Nesse sentido, países com pouca população e território vocacionado para a agricultura e pecuária, e sem intempéries, torna o Uruguai um objetivo amplo de investimentos.

O Catar tem uma população estimada de pouco menos de 3 milhões de habitantes e a República Oriental tem cerca de 3 milhões e meio. Por meio da integração econômica ampliada o emirado catari pode estar presente no Cone Sul latino-americano e assim concorrer diretamente com outro fundo soberano, de um país bem semelhante, mas com política externa distinta da sua. A QIA tem como rival direto o conjunto de fundos sob a autoridade dos Emirados Árabes Unidos (EAU), como o fundo do banco NBD; a própria Autoridade de Investimentos dos Emirados (EIA); o Fundo

Global de Investimentos dos Emirados (EGIF); o Banco de Investimentos dos Emirados (EIB); Emirates Capital (EC); e o gigante Mubadala (presente no Brasil incluindo a compra de ativos da Petrobrás); dentre outros, variando entre fundos soberanos, gestão de fundos e aplicações múltiplas.

Outra forma de expansão da influência do Catar, rivalizando na projeção de poder internacional com os EAU se dá por meio das respectivas companhias aéreas. O circuito de voos e rotas internacionais trazem consigo capitais e fluxo de turistas. Ofertar o litoral e o campo uruguaios como forma de lazer acessível às pequenas parcelas de famílias ricas do Golfo e da Península Árabe pode ser uma forma de atrair mais investimentos. Ao conseguir a liberação mútua de vistos de entrada, Lacalle Pou evidentemente busca aumentar a facilidade de passageiros transportados com destino ao Uruguai, mas garantindo a reciprocidade necessária nas relações internacionais.

Doha compete com Dubai como centro de negócios e estratégia nas Relações Internacionais. Essa aproximação com o Uruguai evidencia isso, concorrendo com a presença agressiva de monarquias aliadas do sionismo em nosso continente. Analisando de forma normativa, esperamos que essa relação leve tanto mais desenvolvimento industrial e tecnológico ao Uruguai, assim como diminua o espaço dos agentes sionistas na América Latina. Não podemos confundir os padrões da economia política internacional com, necessariamente, uma ação anti-imperialista. Em linhas gerais, qualquer espaço que a ação dos Emirados e demais aliados da entidade sionista perca pode ser positiva, mesmo que de forma indireta.

O impulso latino-americano e a síndrome do colonialismo

30 jan. 2023

Na terça-feira, dia 24 de janeiro de 2023, o presidente do Brasil Luiz Inácio Lula da Silva participou da reunião de cúpula da Comunidade de Estados Latino-Americanos e Caribenhos (CELAC), que contou com uma relevante declaração final. Fundada em 2010, ainda no auge da "maré rosada" no continente, acumulava o potencial econômico liderado pelo Brasil e Venezuela à época e possibilitaria um importante desenvolvimento capitalista regional. É exatamente esse o intuito da política externa da social-democracia brasileira e sugere um paradoxo. Como buscar o multilateralismo e a presença altiva e soberana no Sistema Internacional se a ação do inimigo externo (Estados Unidos, Sistema Cinco Olhos, Organização do Tratado do Atlântico Norte e apartheid sionista) é tão ou mais perigosa do que o interno, as clássicas oligarquias pós-coloniais convertidas em elites parasitas financeiras?

Nesse sentido, a unidade latino-americana tem certa semelhança com a projeção de poder pan-arabista entre as décadas de 1950 a 1980. Os processos de independência e libertação não alcançaram a coesão interna necessária para um desenvolvimento soberano, muito embora os governos de então controlassem a indústria do petróleo, com alto grau de nacionalização.

Já na América Latina, o "cansaço do século XXI" é ter de refazer tudo o que foi feito nos últimos vinte anos. Nos trinta anos gloriosos citados, o planejamento econômico e as altas taxas de nacionalização da produção industrial garantiram um importante desenvolvimento latino-americano. Washington despejava mais de U$S 1 bilhão/ano como gasto médio para "aliança do progresso". No presente século, as cloacas jorraram com suas operações de *lawfare* ou no intercâmbio da extrema direita trumpista. A estupidez também sempre jorra por editorias ou comentaristas de "economia". Na verdade, não passam de porta-vozes e propagandistas de parasitas financeiros controlando o mercado de capitais, câmbio e papéis de nossos países. Infelizmente, no Brasil ocorre exatamente isso.

A importância do BNDES para a inserção internacional do Brasil

Antes da cúpula latino-americana, o mandatário brasileiro teve um importante encontro com o presidente argentino Alberto Fernández. Nessas conversas oficiais, estavam presentes equipes de primeiro escalão de ministérios importantes e lideranças empresariais dos dois países. Algumas metas foram traçadas, passando pela garantia de unidade do Mercosul (considerando a unilateralidade do Uruguai sob governo de centro-direita), o desenvolvimento de uma moeda de uso comum para transações bilaterais (que pode servir de embrião para operações continentais) e a retomada de investimentos do Banco Nacional de Desenvolvimento (BNDES) na região, a começar por importante gasoduto argentino e operações no campo de Vaca Muerta.

Era para ser recebido com certo entusiasmo, afinal se trata de uma reaproximação que pode gerar um novo "ciclo virtuoso". Obviamente, a extrema direita bolsonarista e a opinião publicada por economistas e colunistas da especulação atacaram a iniciativa.

Precisamos de um contraponto. O economista e internacionalista brasileiro de origem palestina, Róbson Carloch Valdez, em um brilhante trabalho demonstra o que os grupos hegemônicos de mídia fazem questão de não difundir. Por mais que o Brasil tenha feito um esforço durante os governos de Lula e Dilma Rousseff para aplicar uma política externa universalista, as parcerias já consolidadas com economias fortes se mantiveram.

> No que tange aos investimentos diretos, os dados do Banco Central do Brasil mostram que entre os anos de 2010 e 2014 a distribuição de estoque de investimento direto no Brasil (participação no capital) apresentou o valor médio acumulado no período de US$ 577,9 bilhões. Desse total, tem-se o seguinte percentual médio acumulado entre os principais países investidores: Estados Unidos (20%), Espanha (12%), Bélgica (8%), Reino Unido (7%), Países Baixos (5%), Japão (5%), Alemanha (4%), Itália (3%), Suíça (3%) e China (25).

Neste caso, a informação técnica, mas de acesso público disponível por meio de uma simples conferência, aponta a omissão das "editorias de economia". Beira o absurdo. Em outro trecho, Róbson Carloch demonstra a preocupação dos Estados Unidos com a concorrência capitalista contra empresas e instituições brasileiras.

Assim como já foi evidenciado neste trabalho, a preocupação com a inserção internacional de firmas brasileiras por meio do apoio financeiro do BNDES por parte do governo norte-americano refletiu-se, por exemplo, nos relatórios anuais do Exim Bank dos Estados Unidos ao Congresso Nacional deste país.

Na sequência, Valdez exemplifica a presença da construtora Odebrecht operando um importante setor da indústria açucareira cubana e como este movimento do BNDES, incluindo o correto financiamento de parte das obras de infraestrutura da ampliação do Porto de Mariel, influenciou na mudança diplomática de Barack Obama ao final de sua segunda administração. Evidentemente, a ação gerou revolta na base de exilados cubanos na Flórida (conhecidos como gusanos), ampliando os laços da extrema direita em escala continental.

O sistema conjunto de *lobbies* e forças de pressão ao norte, incluindo a tecnocracia de carreira e a ocupação de postos-chave no Banco de Exportações-Importações dos Estados Unidos (Exim Bank), ampliou o poder de fogo dos inimigos domésticos e imperiais de toda a América Latina. Logo, as acusações de "farra do BNDES", além de infundadas, servem como propaganda da projeção de poder dos Estados Unidos dentro da elite brasileira, em detrimento do país e de seus vizinhos latino-americanos.

Retomando o impulso do início da década passada

Cada um dos itens já mencionados merecia vários artigos e um amplo debate. Reconheço essa necessidade de longa data. Em abril de 2012, escrevia elogiando a retomada de controle nacional na YPF — a petroleira argentina. Dizia que "é preciso entender que os argentinos foram saqueados nos anos 1990, derrotaram um projeto neoliberal através de uma rebelião popular (dezembro de 2001) e exigem medidas de retomada de patrimônio".

No ano seguinte, em agosto de 2013, me exasperava com o acordo da YPF com a estadunidense Chevron para explorar Vaca Muerta e operar com *fracking*[6]. Afirmava o óbvio porque: "O contrato também reflete a ausência de pensamento estratégico dos países latino-americanos, em especial os que contam com estatais petrolíferas, como Petrobrás (Brasil), Ancap (Uruguai), PDVSA (Venezuela) e YPFB (Bolívia). A exploração de um campo desta envergadura poderia ser um projeto do Banco do Sul, cujos aportes em julho de 2013 atingem a US$ 7 bilhões, estando a meta em 20 bilhões. Alternativas não faltariam caso os governos de centro-esquerda não reproduzissem a visão colonial sobre nós mesmos".

Em outubro de 2013 repetia crítica semelhante de falta de integração latino-americana e estratégia de desenvolvimento comum justamente no leilão do Campo de Libra com o modelo de partilha, em que "o consórcio da Petrobrás (40%) tinha na composição a Shell (anglo-holandesa, 20%), Total (francesa, 20%) e duas empresas chinesas, CNPC e CNOCC (cada qual com 20%)". Evidente que o regime de partilha, no qual empresas estrangeiras não perfuram o subsolo marítimo,

---

[6]. *Fracking* é a técnica de exploração de gás natural e petróleo mais nociva que existe, causando impactos como a contaminação do solo, ar e lençóis de água subterrânea. Organizações ambientalistas, como a Coalizão Não Fracking Brasil, lutam por legislação para a proibição no Brasil. Ver www.naofrackingbrasil.com.br. Acesso em: 10 set. 2024. [N. do E.]

é infinitamente superior ao puro entreguismo. Ainda assim está distante de ser uma saída permanente.

Passados dez anos, o programa de governo da nova leva de coalizões lideradas pela centro-esquerda está ainda mais lavado. Contudo, a urgência do multilateralismo e percepção absoluta que não se pode ficar à mercê da tirania do dólar, de ataques cambiais e da possibilidade de ser desligado do sistema SWIFT parece mais evidente. A moeda de uso comum (*Sur* pode ser seu nome), utilizada em contratos de alto volume de investimentos e garantidos por ativos tangíveis (como petróleo e trigo) pode realmente ser uma saída de médio prazo, estruturando as relações Brasil-Argentina e projetando seu avanço para a América Latina.

Cabe observar que qualquer projeto de médio prazo precisa de atenção e alerta constantes para sua consecução. Considerando a meta de sabotagem permanente de oligarcas, parasitas, o Império e seus aliados, teremos uma luta árdua pela frente.

América Latina e a causa árabe-palestina na terceira década do século XXI

09 maio 2022

A qualidade e a natureza das relações exteriores dos países latino-americanos junto à causa árabe e palestina pode estar se realinhando substancialmente. A direita e a extrema direita abandonaram o pragmatismo pela subordinação e as teses fantasiosas de "globalismo e pária mundial", se subordinando para a entidade sionista e vêm repetindo o discurso absurdo do Departamento de Estado. Já pelos caminhos da centro-esquerda eleitoral, a timidez e a repetição da "teoria do empate" vêm sendo denominador comum. Este "empate" observa à distância o "conflito" pela Palestina, falsificando as realidades e supondo que seriam "dois povos por um mesmo território".

Grande parte dessa ilusão propositada se dá pelas próprias raízes de nossas esquerdas e centro-esquerda, ainda muito eurocêntricas e reproduzindo teses imaginárias de permanência anacrônica. Explico. Todas e todos nós com tradições dentro dos projetos socialistas mundiais somos devedores do pensamento humanista ídiche, da militância de esquerda com raízes nas culturas do judaísmo europeu pós-Iluminista. Aí se confunde tudo, e de forma anacrônica sim, pois esse pensamento e ação socialista, com participação desde antes da Primeira Internacional, jamais foi sionista — não confundir com a excrescência do "trabalhismo israelense".

A permanência no anacronismo faz supor a possibilidade da existência até de uma "equivocada esquerda sionista" (estupidez essa que o autor do texto já imaginou também), mas também permite que dirigentes social-democratas aprofundem o cinismo como forma de executar o pragmatismo político. Assim, a absurda afirmação de que árabes possam ser "antissemitas" se confunde com a defesa da ocupação dos territórios de 1948 e 1967, das Colinas de Golã e do sul do Líbano, além dos constantes bombardeios e ameaças de um conflito nuclear contra inimigos do apartheid promovido pelo "Estado de Israel".

O prazo de validade dessa falsificação é curto, mas pode ser renovado. O ciclo que se avizinha é mais árabe e menos pró-apartheid. Em parte, devido ao esgotamento da guinada à direita — protofascista e neoliberal. No entanto, também por posições insustentáveis de Tel Aviv no Sistema Internacional. Assim, dificilmente a social-democracia e os governos de centro-esquerda conseguirão operar como sustentáculo cínico do Estado colonial transnacional.

A posição da Venezuela

No dia 2 de maio de 2022, o presidente da República Bolivariana da Venezuela, Nicolás Maduro, postou em sua conta oficial de *Twitter* uma saudação respeitosa ao Eid al-Fitr.

No texto, o sucessor de Hugo Chávez afirmou: "Saudações ao povo muçulmano que celebra hoje o fim do mês sagrado do Ramadã. Com muito respeito associo-me a este dia, desejando que vossa força espiritual, bondade e fé vos acompanhem sempre."

Embora o texto da publicação seja generalista, e em linguagem diplomática, o Palácio Miraflores (sede do Poder Executivo da Venezuela) se alinha com a libertação da Palestina ao postar imagens de Al-Quds, e especificamente da Mesquita de Al-Aqsa, alvo de terrorismo permanente por parte do Estado Colonial do Apartheid.

Antes, em 29 de abril, o chefe de Estado venezuelano postou na mesma rede social a favor do Dia Internacional de Jerusalém, na defesa de Al-Quds e do caráter de libertação nacional da luta palestina.

"Associo-me ao Dia Internacional de Al-Quds (Jerusalém), levantando minha voz junto com a oração de milhões pela autodeterminação e respeito ao povo palestino. A Venezuela condena o extermínio na Palestina e reitera seu apoio absoluto a esta causa. Viva a Palestina Livre!"

Definitivamente, pela própria natureza do cerco estratégico que sofre a Venezuela, incluindo o conjunto progressivo de sanções econômicas, ambos os governos chavistas não reproduzem a "teoria do empate". Após a vitória sobre o locaute petroleiro de 2003, Chávez ainda em vida realinhou o país no cenário internacional e tomou posição junto ao que hoje é considerada a nova bipolaridade do século XXI, em processo de formação.

Em termos objetivos, a Venezuela tem relações históricas — nos últimos 23 anos ao menos — com a causa palestina e o Irã, além de importantes aproximações econômicas com a China e militares com a Rússia. O comportamento político do Partido Socialista Unido da Venezuela (PSUV), que governa o país, é mais próximo do mundo árabe e islâmico do que de outros governos, mesmo quando os mandatários são descendentes de árabes. Se a balança da política externa dos países latino-americanos se inclinar junto da chancelaria venezuelana, a "teoria do empate", deveras repetida pela centro-esquerda e pela socialdemocracia do Sul Global, pode estar seriamente ameaçada.

A posição do Grupo de Puebla e a difícil tarefa de unificar a América Latina

Após a derrota eleitoral na Argentina, a traição de Lenin Moreno no Equador, o golpe parlamentar no Brasil em 2016 e o golpe de Estado na Bolívia em 2019, praticamente a articulação do chamado progressismo e da integração regional latino-americana se deu por meio do Grupo de Puebla. Embora não seja uma aliança entre Estados e nem mesmo o embrião de uma zona econômica comum — como o Mercosul, que não deslancha —, a instância de aproximação e unidade tem como pilar o encontro de "personalidades e lideranças", tendo como primeiro anfitrião o presidente mexicano Andrés Manoel López Obrador.

A posição sobre a Palestina desse fórum permanente é semelhante à da Venezuela, embora não tenha declarações e posturas públicas com tanta frequência. Em julho de 2020, o grupo manifestou posição contra a anexação da Cisjordânia ocupada; na sequência, publicou uma contundente declaração.

Se levarmos em conta as lideranças políticas que assinaram a declaração, incluindo sete ex-presidentes à época e seis ex-ministros de seis países latino-americanos, é possível vislumbrar uma guinada a favor da Palestina na política externa de nosso continente.

Mas nem tudo é "progresso". O presidente chileno Gabriel Boric, que em campanha demonstrou uma correta postura contra o apartheid na Palestina, na conta oficial do Twitter da Presidência nada disse até o momento quanto ao terrorismo colonial promovido nesse Ramadã de 2022. Pelo que verificamos, tampouco em sua conta privada houve manifestação alguma em defesa de Al-Quds.

Em igual caminho, de silêncio e certa timidez no tocante da opressão sionista sobre o povo palestino, está o controverso presidente salvadorenho. Embora tenha posições interessantes no sentido de um novo arranjo econômico — tentando se livrar da maldita dolarização —, para além dos arroubos autoritários, Nayib Bukele está longe de honrar sua origem palestina.

A unidade latino-americana reforça a Palestina

Podemos terminar este breve artigo com uma pitada de realismo fantástico, forma narrativa tão apreciada nesta parte ao sul do mundo. A obra magistral do diretor argentino Santiago Mitre, *La Cordillera* (2017), se passa no Chile durante uma ficcional reunião de cúpula latino-americana entre presidentes. Rodada como se estivéssemos no auge do ciclo de centro-esquerda continental, as tramas do Departamento de Estado e a mesquinharia de frágeis lideranças políticas marcam o desastre iminente da unidade que não veio.

Podemos afirmar que, nas relações da América Latina com a causa árabe e palestina, trata-se da mesma situação. Temos pressão demográfica, milhões de latino-americanos com origens árabes ocupando posições-chave e ainda assim parece que jamais tomamos todas as precauções necessárias para executar semelhante desafio.

O ciclo do reformismo que pode vir a se inaugurar com a possível mudança de poder no Brasil, vai ao encontro das relações Sul-Sul e apoio à libertação da Palestina. Resta saber se os tomadores de decisão estarão à altura do desafio, antecipando os movimentos do inimigo e alinhando a política externa para derrotar o apartheid e seus financiadores em todos os níveis.

A presença das empresas sionistas na Colômbia, Chile, Paraguai e Uruguai

15 ago. 2024

Quase sempre se observa o *lobby* sionista em nossos países da América Latina por meio das fundações, instituições, grupos de pressão, "ONGs" e outras redes afins. Com a diplomacia pública e a ação do diretório vinculado ao gabinete do primeiro-ministro colonial, nos acostumamos ao bombardeio midiático e à presença de vídeos virais com polêmicas supremacistas e infindáveis calúnias aos defensores da libertação da Palestina. Menor atenção se tem dado para a presença de empresas sionistas instaladas nos territórios latino-americanos. Neste artigo, notamos que essa permanência — e expansão — se dá mesmo em países cujos governos se mostram antissionistas. Vejamos o caso de Colômbia, Chile, Paraguai e Uruguai.

De acordo com o jornal *La Republica* (da Colômbia), a presença de pessoas jurídicas sionistas na Colômbia se manteve, independente das corretas posições do presidente Gustavo Petro.

Segundo a Câmara de Comércio Colombiana-Israelense, os negócios estão acima dos presidentes e consideram que as empresas não estão sendo afetadas pelas declarações do presidente Petro. Existem mais de 100 empresas do Estado sionista com operações no país.

O setor agrícola é o que tem maior representação na Colômbia e conta com empresas reconhecidas internacionalmente. Talvez o mais importante seja a Netafin, principal criadora de irrigação agrícola do mundo, ou a Managro, que é uma das mais relevantes exportadoras de abacate Hass do país.

Por parte da Managro anunciaram a compra de 3.700 hectares, que plantariam com abacate Hass, para atender a demanda de 15 países consumidores deste produto colombiano, sendo Espanha, Estados Unidos, Japão, Estados Árabes Unidos e Argentina os maiores compradores.

Já no Chile, assim como na Argentina (cuja presença empresarial sionista já avaliamos em ao menos três artigos), o controle sobre recursos hídricos é uma das metas permanentes do imperialismo e também dos capitais sionistas. Tal é o caso da empresa Mekorot. Segundo o jornal chileno *La Tribuna*, a estatal israelense se faz presente no sul chileno, em uma das regiões com maior conflito de terras e disputa por meio da presença organizada do povo mapuche. Vejamos:

> A Região Biobío transformou-se no desenvolvimento da gestão estratégica dos seus recursos hídricos, após a assinatura de um acordo entre o Governo Regional de Biobío e a empresa israelense Mekorot.

Esse acordo garantirá a disponibilidade do recurso para consumo humano e industrial, planeando a sua gestão de forma a aumentar a competitividade da Região e a cuidar do ambiente. O acordo começou a se concretizar na reunião do governador regional, Rodrigo Díaz, e do gerente geral da Develop Biobío, Marcelo Chávez, com o Ministério de Relações Exteriores em novembro de 2022, oportunidade na qual foi acordado aprofundar o relacionamento entre Israel e o Biobío através da Agência de Cooperação Israelense.

Outra vertente da presença empresarial sionista é por capitais associados, tal é o caso do Grupo ECIPSA, de capital argentino mas com parceria estratégica em Israel e outros sócios. O modelo de negócios é a construção de edifícios inteligentes, tendo chegado ao Paraguai em abril de 2024. Nos Territórios Ocupados de 1948, o conglomerado empresarial dirigido por Jaime Garbarsky, a meta de negócios é o sionismo de língua espanhola. Segundo o jornal paraguaio *Economia Virtual*:

> Em 2023, o Grupo ECIPSA começou a forjar a sua chegada a Israel com a assinatura do seu primeiro acordo de exclusividade com Crystal Lagoons® para a implementação do seu sistema, tecnologia e serviços em empreendimentos imobiliários privados, de acesso público e híbridos. Além dos projetos sustentáveis de lagoas cristalinas, no âmbito da inauguração dos escritórios, a empresa lançou a CasaVeIsrael, tornando-se a primeira corretora imobiliária em Israel para a comunidade de língua espanhola em todo o mundo.
>
> Além destas unidades de negócio, da subsidiária israelense, o Grupo ECIPSA associou-se a dois líderes mundiais do sector imobiliário, Barak Rosen e Asaf Touchmair, acionistas da conceituada promotora CanadaIsrael, para levar a cabo um importante projeto na Costa Leste na Cidade do Panamá, chamado Marcos Tower.

O edifício inteligente e de alta tecnologia instalado dentro do Estado Colonial do Apartheid está em Herzlyia Pituah (uma homenagem macabra a Theodor Herzl, fundador do sionismo judaico na última década do século XIX). Não por acaso se tratam de empresas para desenvolvimento cibernético e *startups* de internet e inovação, operando códigos-fonte compartilhados com o aparelho de inteligência e defesa de Tel Aviv.

Um país que atrai capitais voláteis on shore (continental, não sendo ilhas) é o Uruguai. A praça financeira de Montevidéu e o complexo hoteleiro e de especulação imobiliária de Punta del Este e José Ignacio são verdadeiros ímãs para a evasão de divisas e a alocação de fortunas com origens duvidosas. Especificamente, o caso uruguaio na relação com empresas sionistas é de atração de soluções inteligentes e organizadores de financiamento *online*. Como se sabe, todos os dados que passam por empresas com sede ou mesmo com direitos de propriedade intelectual registrados sob a lei colonial de Tel Aviv, espelham os dados coletados na nuvem da inteligência sionista. As redes têm enorme interpenetração como é narrado abaixo, segundo o portal *Uruguay Innovation Hub*:

> O Uruguay Innovation Hub designou a OurCrowd como a aceleradora selecionada para liderar as operações no país. Esta organização foi presenteada com uma aliança estratégica com as incubadoras locais Ingenio (LATU) e CIE (Universidade ORT), bem como com o consórcio internacional Mana Tech, sob o comando de Moishe Mana. Este consórcio é um marco significativo no ecossistema de empreendedorismo uruguaio, abrindo novas oportunidades para a internacionalização do setor. empresas locais e reforçar os laços a nível nacional.

OurCrowd, de origem israelense, consolidou uma comunidade global de mais de 33.000 investidores em 183 países. Com 11 escritórios abertos em quatro continentes, a empresa demonstrou seu compromisso com a expansão global e com o apoio a startups inovadoras em diversos setores. Até o momento, a OurCrowd investiu em empresas localizadas em Israel, Estados Unidos, Índia, Canadá, Inglaterra, Nova Zelândia, Austrália e, a partir desta seleção, passará a operar também no Uruguai. O seu historial de investimentos inclui várias empresas que alcançaram o estatuto de unicórnio, destacando a sua capacidade de identificar e apoiar o crescimento empresarial bem-sucedido.

A rede é muito grande, estando no portfolio da Mana Tech, com sede em Miami, as seguintes conexões: 2Future; Endeavor; Banco Interamericano de Desenvolvimento; Uruguay XXI, Procomer Costa Rica Exporta, Tech Beach Retreat, Invest Buenos Aires; Câmara Latinoamericana de Comércio; Ruta Medellín Centro de Inovação e Negócios; Chile Global Ventures; Procolombia; ProChile; ASELA; SS Index.

Apontando conclusões óbvias

Anteriormente temos uma pequena mostra da penetração de empresas vinculadas ao Estado do Apartheid Colonial Sionista perpretando um genocídio em Gaza, a céu aberto e em tempo real. O apoio à libertação da Palestina passa por identificar, denunciar e combater o absurdo da normalização empresarial de governos e países da América Latina com forças econômicas, políticas e militares dedicadas integralmente à limpeza étnica e à expulsão de população nativa de sua terra natal. Qualquer semelhança com o genocídios dos povos indígenas do continente não é nenhuma coincidência e como tal deve ser direta e severamente combatida.

PALESTINA OCUPADA

O martírio e a imortalidade da Voz da Palestina

24 mai. 2022

O artigo que segue distingue-se dos demais produzidos semanalmente por este analista. Temos análise, mas mesclada com ensaio e a indignação pela crueza dos fatos e a crueldade do opressor. O martírio da jornalista palestina Shireen Abu Akleh foi mais um assassinato dentre centenas de profissionais de mídia desde o início da ocupação colonial. Não se trata de mais um texto de homenagem, todos mais que justificados.

Partimos de um ensaio com a poética de nossas brimas e brimos e observamos esse momento único, em que um fato singular revela toda a estrutura dos crimes sionistas. Dentro da dor revela-se a grandeza de um povo, território, países e nação agredidos há mais de cem anos, alvos de cobiça e conspirações das potências imperialistas. Culmina na própria imortalidade de *shaheeds* em escala de milhares, quase milhões.

O martírio da Voz da Palestina

Shireen Abu Akleh foi assassinada no dia 11 de maio de 2022 pelas forças da ocupação que marcaram toda sua vida. A repórter, que começou a trabalhar na emissora Al Jazeera em 1997, nasceu em Jerusalém Oriental (Al Quds), no ano de 1971, já sob ocupação estrangeira. Sua vida foi após a Naksa e sua existência devotou-se para combater os efeitos nefastos concretizados na Nakba.

Shireen era de família melquita, católica bizantina, uma das clássicas igrejas cristãs do Oriente, mais próxima do cristianismo de Issa e não do império que matou o Messias. Como Eescho, foi assassinada por invasores, à luz do dia e identificada como jornalista (e não combatente, sequer manifestante). Ela lutava com os instrumentos da fala, da palavra e da verdade dos fatos.

A repórter tinha cidadania estadunidense, como milhares de palestinas e palestinos, em especial os de famílias cristãs. A presença de "cananeus da Filisteia" no território estatal formado pelas 13 colônias invasoras europeias data de mais de um século. Ela poderia ter ficado nos EUA, e não há demérito algum nisso. Mas, como quase sempre acontece, a terra lhe chamou de novo, e pela devoção à verdade, encontrou o martírio por meio do fuzil dos tiranos coloniais.

Como se não bastasse, teve seu velório violado, com repressão, prisões, apostasia contra sua igreja melquita, agressão contra o ato ecumênico. Nada foi escondido, ceifaram sua vida à luz do dia e brutalizaram o ritual de passagem sob o sol da Palestina Ocupada. Shireen exemplifica o martírio do povo palestino.

O fim da hipocrisia, o reino do eufemismo

Cada vez mais o cinismo deixa de ser parte da liturgia do Terrorismo de Estado, o motor da economia de guerra que alimenta a entidade colonial sionista apelidada pelos invasores como "Estado de Israel". Se todas as chacinas e massacres oficiais até a década de 1980 foram praticados pelos trabalhistas sionistas, após a segunda invasão do Líbano, o crime de Sabra e Chatila e o início da 1ª Intifada, a "direita" israelense começa a ser hegemônica na política doméstica no interior do Apartheid.

Pararam de se poupar internamente (até mataram um ex-comandante da Palmach), aumentaram a divisão social dentro dos ocupantes, importaram cada vez mais população, incluindo centenas de milhares de europeus de fé judaica dos espaços pós-soviéticos. Como toda sociedade fundada em um crime — a expulsão da população originária de sua terra natal —, e justificada por outro crime — a tenebrosa perseguição aos judeus europeus pelos nazistas — vive sob tensão interna e externaliza no "outro" seus próprios demônios.

O "outro" é sempre o alvo permanente, a legitimidade de quem lá reside há mais de três mil anos, o fato de que até a tal "diáspora europeia" tem tanta veracidade como o dilúvio a inundar todo o planeta. Pouco importa a verdade histórica, o fato concreto, as alianças sem fim das colônias sionistas com os impérios de turno, com preferência para o "mandato" britânico e imanência dentro do Congresso dos EUA.

Se o polonês David Grün (apelidado de David Ben Gurion) organizava a informação colonial e forças paramilitares auxiliando os cruzados ingleses, seus descendentes como governadores coloniais, colocam a população leal não europeia como ponta de lança da limpeza étnica. Mizrahins e afrodescendentes são a bucha de canhão dos invasores, como os regimentos coloniais britânicos empregavam gurkhas e sikhs contra punjabis, hindis e tâmiles. Manobra antiga, manipulada através da lente de última geração financiada como "ajuda militar" vinda do Departamento de Estado.

As mesmas câmeras que abordam tudo como "disputa narrativa", os embates sem fim com os "sionistas de esquerda" (eu mesmo já entrei nessa vala comum e não saí sem estar sujo), ganham ainda mais intensidade quando o inimigo cria um ministério para tal. Atende eufemisticamente como Ministério de Assuntos Estratégicos e Diplomacia Pública de Israel e acusa a tudo e a todos que combatem os invasores como "antissemitas".

Quase sempre é a mesma ladainha. Europeus de fé judaica e apoiadores da ocupação da Palestina acusam a semitas ou descendentes de semitas de serem "antissemitas"! E enquanto do lado de cá do oceano entramos em embates de palavras, em Al Quds o inimigo assassina uma repórter, autêntica "tecelã das letras".

A mira dos fuzis do exército de ocupação traz outro eufemismo: Forças de "Defesa" de Israel. Curioso. Os brancos do Apartheid Sul-Africano também estavam se "defendendo", tanto na política interna como dos países independentes da África Austral. O recrutamento também é incessante. Desse modo, um jovem de classe média ou alta no Brasil pode ir para a Palestina Ocupada e gozar de direitos de ocupante, desde que sirva às Forças de "Defesa" assassinando crianças, mulheres e outros jovens como ele ou ela.

A imortalidade da Voz da Palestina

Toda a guerra de propaganda do inimigo, empregando termos em inglês como *greenwashing*, *pinkwashing*, cai por terra quando o caixão de Shireen é atacado, e esta agressão é transmitida em escala planetária. O projeto colonial atrai capitais transnacionalizados e tem penetração em importantes centros de decisão, como Washington, Londres, mas também Moscou e Berlim. No mundo europeu e anglo-saxão, faz o que pode para se colocar como aliado fundamental, ou grupo de pressão imbatível na política doméstica das democracias ocidentais.

Shireen era cristã, mulher, independente, profissional consagrada, voz ativa e altiva. Conhecida mundialmente, venerada no Mundo Árabe e Islâmico. A repórter da Al Jazeera carregava em si toda a quebra de estereótipos muito bem trabalhados pelos invasores. As famílias palestinas são "atrasadas", inimigas do progresso e do Ocidente, o arabismo é anti-cristão e outras mentiras mais. De novo, pouco importa para o caluniador lembrar que o pan-arabismo, o movimento nacional árabe e as lutas de libertação nasceram umbilicalmente ligadas a famílias cristãs, como de Abu Akleh, Habash, Hawatmeh, Aflaq, Zaydan, Said e centenas de outras.

A entidade sionista se porta como a iluminada civilização francesa, celebrando a libertação de Paris dos ocupantes nazistas, e logo depois torturando árabes e vietnamitas, empregando até mercenários que serviram aos antigos inimigos. O cinismo colonial não tem fim nem limite, e menos ainda a defesa do "privilégio histórico" que denomina de "conflito" uma luta popular tão assimétrica como a greve geral seguida da Grande Revolta Árabe na Palestina contra os tiranos do Mandato Britânico e seus protegidos europeus.

Choramos nossas mártires e seguimos. A Palestina e o Bilad al-Sham são imortais, assim como a Voz da Palestina por meio do exemplo de Shireen Abu Akleh.

A permanente tentativa de "normalização" do Apartheid na Palestina Ocupada

12 nov. 2021

No dia 5 de novembro de 2021, uma sexta-feira, a Assembleia Geral da Organização das Nações Unidas (UNGA), no seu terceiro comitê, aprovou por uma resolução reconhecendo o direito ao povo palestino pela autodeterminação. O placar foi elástico, 158 votos a favor, seis contrários (incluindo o voto dos EUA e da entidade colonial sionista) e 10 abstenções. A Assembleia Geral afirma o seguinte: "O direito do povo palestino à autodeterminação, incluindo o direito ao seu Estado independente da Palestina" e "enfatizou a urgência de alcançar sem demora o fim da ocupação israelense".

De acordo com o texto aprovado, "a Assembleia reafirmaria o direito do povo palestino a um Estado independente, exortando todos os países e agências especializadas da ONU a apoiá-los na realização antecipada do direito à autodeterminação".

Vale ressaltar que a mesma fonte (Press TV) afirmou que a declaração foi respaldada pelo Hamas — a partir da declaração de seu porta-voz Hazem Qasem — e por demais partidos e organizações da resistência palestina atuando de forma coordenada desde antes da Operação Espada de Jerusalém em defesa de Al Quds sob uma constante ameaça de pogrom e limpeza étnica.

Importante observar a temporalidade da resolução. Uma semana antes, na sexta-feira, dia 29 de outubro, o embaixador da entidade sionista na ONU, Gilad Erdan, rasgou o relatório de direitos humanos elaborado pela Organização das Nações Unidas. No vídeo, o diplomata colonial afirma que o Estado de Israel sofre com perseguições "antissemitas e unilaterais".

O embaixador da entidade operadora do Apartheid na Palestina Ocupada repete o gesto de seu colega antecessor, Chaim Herzog, quando em 1975 a ONU estabelece a óbvia conexão entre sionismo e racismo. No vídeo, Gilad Erdan reproduz o conceito farsesco de que são motivações "antissemitas" as que defendem os direitos inalienáveis do povo palestino de todos os credos, os reais donos da terra ocupada pelo Mandato Britânico em 1920, indo ao encontro de um projeto colonial europeu fundado por Theodor Herzl, em 1897, na cidade da Basileia, na Suíça.

Chaim afirma em 18 de novembro de 1975 que a ONU teria atingido seu "nível mais baixo por meio de uma coalizão entre déspotas e racistas, manifestações antissemitas e anti-judaicas", e segue afirmando que a resolução das Nações Unidas condenando o sionismo é "ilegal e nem tem valor moral algum". No vídeo, Herzog rasga aquilo "que não passa de um pedaço de papel" e rasga a declaração em defesa do povo palestino.

É muito interessante observar as alianças e procedências daqueles que para tudo clamam "antissemitismo", sem sequer ser semitas de fato. Na página do parlamento israelense consta a documentação dos textos de Herzl, incluindo a institucionalização do programa da Basileia implicando em:

> Estabelecer para o povo judeu uma casa garantida pública e legalmente em Eretz Yisrael... Para atingir esse propósito, os seguintes objetivos foram definidos em movimento: a promoção do assentamento de Eretz Yisrael com agricultores, artesãos e comerciantes judeus; a reunião de todos os judeus em grupos de ação eficazes, locais ou gerais, de acordo com as leis de seus vários países; o fortalecimento do sentimento e da consciência nacional-judaica; dando passos preparatórios para a aceitação do reconhecimento mundial necessário para a realização do propósito sionista. Além disso, foi definido que o movimento sionista funcionará por meio do Congresso que se reunirá uma vez por ano (a partir de 1901 o próprio Congresso se reunirá a cada dois anos). Depois que a Organização Sionista Mundial foi estabelecida, a ela se juntaram 260 grupos de Hovevei Zion da **Rússia e do Leste Europeu**.

O grifo e a tradução na citação original são do autor deste livro, trazendo a seguinte constatação: o sionismo é um fenômeno europeu, travado por europeus, abordando um problema concreto entre europeus e cuja gênese fundacional não traz elementos marcantes do judaísmo árabe mizrahim, e nem mesmo sefaradita. Portanto, é um projeto colonial europeu aliado a um ou mais impérios europeus. O parlamento da entidade sionista assume que:

> Herzl tentou fazer com que o sionismo ganhasse a simpatia dos estadistas e da opinião pública

positiva na Grã-Bretanha. Por esta razão, o Quarto Congresso Sionista foi convocado em 1900 em Londres. Ele negociou com o governo britânico as franquias do assentamento em Chipre, na Península do Sinai e na região próxima a Wadi al-Arish, mas suas tentativas de chegar a um acordo sobre assentamentos judeus nessas áreas foram em vão.

As "lealdades" de Herzl e sua diretoria vão oscilando conforme o equilíbrio de forças na Europa. Se por um período a relação com o Triunvirato dos Três Pashás foi vista como "positiva", incluindo a ascensão de uma liderança oriunda da nata jurídica de Salônica que chegou a tentar carreira política e de altos mandos do Estado Otomano na Era dos Jovens Turcos. Sim, trata-se do polonês David Grün, mais conhecido por seu apelido, David Ben-Gurion. Na pugna de influência entre a iminente derrota otomana e a ascensão dos Estados Unidos como poder fático do mundo anglo-saxão, a balança pendeu para a costa leste das 13 colônias. Segundo a mesma fonte do Knesset:

> Os turcos mostraram hostilidade para com os sionistas em Eretz Yisrael durante a Primeira Guerra Mundial, que foram resgatados de possíveis perigos apenas devido ao envolvimento do embaixador americano e da delegação diplomática da Alemanha em Constantinopla. Acabou sendo Chaim Weizmann quem convenceu o governo britânico de que se beneficiaria com o apoio à causa sionista. Em 2 de novembro de 1917, a Declaração Balfour foi feita, afirmando que: "O governo de Sua Majestade vê com favor o estabelecimento na Palestina de um lar nacional para o povo judeu e envidará todos os esforços para facilitar a realização deste objetivo"...

Assim, a soma de documentação emitida pelos mesmos invasores da Palestina não deixa sombra de dúvida. Defender os direitos do povo palestino e do Mundo Árabe implica em se posicionar ao lado dos SEMITAS DE FATO e não de convertidos do ano 1.000 AD que se espalharam pela Europa, em especial no leste e centro europeu. A estúpida perseguição a essas pessoas europeias de fé judaica foi instrumentalizada em um projeto colonial, no qual desde o início assumem o desejo expansionista do "Eretz Israel". A aliança com os impérios de turno, sendo estes o Otomano na era dos Jovens Turcos, o Britânico, o Germânico antes da derrota da Primeira Guerra e o ascendente império dos Estados Unidos da América garantiu e garante, em última instância, a permanência desse projeto colonial. Os crimes do nazifascismo na Segunda Guerra Mundial e a absurda perseguição operada sobre os judeus europeus serviram de motivação final para manipular a opinião pública de europeus e seus descendentes, assim como para posicionar a Turquia e a ex-União Soviética ao reconhecimento dessa invasão.

A representação diplomática do Apartheid na Palestina Ocupada se julga acima do bem e do mal, talvez por deterem mais de 200 ogivas nucleares ou o reator nuclear em Dimona, ou então pela capacidade de colocar seus interesses acima de qualquer gesto humanitário. Não por acaso, no mesmo ano que Chaim Herzog acusou a ONU de se portar como "racista pela condenação ao sionismo", seu governo secretamente começou as conversações para vender armas nucleares para a África do Sul do Apartheid. Não surpreende, nem o gesto e menos ainda a identificação entre ambos os projetos coloniais.

ONU, Palestina e o apartheid colonial do século XXI

14 jun. 2021

Além da Palestina, outras versões do colonialismo — algumas com interpretação de fundamentalismo sionista — também geraram dano em populações originárias. Os invasores europeus criaram regimes de apartheid no planeta, a partir da globalização do capitalismo mercantil. Certos regimes execráveis duraram mais, tendo por base a presença de "autoeleitos" em territórios invadidos. Tal foi o caso do sul da África — com o fim do racismo institucional em abril de 1994 — e das 13 colônias que resultaram nos Estados Unidos da América, em agosto de 1965.

Entre as décadas de 1960 e 1990 do século passado, a África Austral viveu um cenário complexo que resultou primeiro em libertação de territórios que ainda eram colônias europeias e, na sequência, na destruição do apartheid na antiga Rodésia, na Namíbia ocupada, e por fim, na África do Sul. Por mais criticáveis que pudessem ser as organizações lutando contra a presença colonial, a pior dessas forças político-militares era infinitamente melhor do que qualquer regime de exceção. Houve um esforço conjunto em Angola e Moçambique, primeiro derrotando os regimentos coloniais portugueses e, na sequência, confrontando as forças mais à direita, manipuladas por tribalismos e alianças sectárias. Cuba, por exemplo, foi aliada fundamental na guerra civil angolana e contra a invasão sul-africana, assim como o reconhecimento do Brasil aos países de língua portuguesa. Não havia militante brasileiro nos anos 1980 que não sonhasse com Luanda e Maputo e desejasse ver Soweto derrotando o regime racista de Pretória.

Muitos são os desafios da Causa Árabe e da libertação do povo palestino. Considerando que todo o Levante se encontra diante de uma permanente luta anti-imperialista e a Palestina, ainda anticolonial, é necessário um esforço permanente para furar o bloqueio midiático e a censura na opinião pública nos países ocidentalizados, expondo o drama de quem vive sob a ocupação estrangeira em pleno século XXI. Do rio ao mar, a entidade sionista promove a internacionalização de sua economia de guerra, exportando conhecimento sensível e praticando o racismo institucional. Qualquer semelhança com a África do Sul sob a legislação do apartheid não é nenhuma coincidência e a este respeito existem abundantes denúncias.

Segundo a rede Human Rights Watch (HRW), o apartheid é uma política de Estado aplicada na Palestina Ocupada:

> As autoridades israelenses têm cometido uma série de abusos contra os palestinos. Muitos dos que ocorrem no território ocupado constituem violações graves dos direitos fundamentais e atos desumanos que configuram apartheid, incluindo: amplas restrições de movimento na forma do bloqueio de Gaza e um regime de permissões, confisco de mais de um terço

das terras na Cisjordânia, condições severas em partes da Cisjordânia que levam ao deslocamento forçado de milhares de palestinos de suas casas, negação do direito de residência a centenas de milhares de palestinos e seus parentes, e suspensão dos direitos civis básicos a milhões de Palestinos.

A denúncia citada, que poderia ser pormenorizada nos Territórios Ocupados de 1948 (Nakba) e também os de 1967 (Naksa), encontra respaldo jurídico no Tribunal Penal Internacional de Haia.

O conceito de apartheid, segundo o Tribunal Penal Internacional (TPI), é o seguinte:

• a intenção de manter a dominação de um grupo racial sobre outro;

• o contexto de opressão sistemática do grupo dominante sobre outro;

• atos desumanos.

Esse Tribunal está vinculado às Nações Unidas, conforme o Artigo 2: "O Tribunal estará vinculado às Nações Unidas 'por meio de um acordo que a Assembleia dos Estados Partes no presente Estatuto deverá aprovar e o Presidente do Tribunal deverá em seguida concluir em nome deste'".

Se vamos aplicar os conceitos corretos segundo a Organização das Nações Unidas, em sua Convenção sobre o apartheid, o Estado invasor criado pelos fundos arrecadados pela Agência Colonial Judaica comete os seguintes crimes de forma permanente:

• transferência forçada de palestinos para abrir caminho para assentamentos israelenses ilegais;

• impedir que os palestinos voltem para suas casas e terras (incluindo milhões de refugiados que vivem no exílio);

• privação sistemática e severa dos direitos humanos fundamentais dos palestinos com base em sua identidade;

• negar aos palestinos seu direito à liberdade de movimento e residência (especialmente, mas não limitado aos palestinos na Faixa de Gaza);

• assassinato, tortura, prisão ilegal e outras privações graves de liberdade física;

• perseguição aos palestinos por causa de sua oposição ao Apartheid.

O conjunto de leis racistas promovidas pelo Estado invasor se encontra nesse domínio.

Denúncias de crime de guerra

A chefe do Escritório do Alto Comissariado da ONU para os Direitos Humanos (ACNUDH), Michelle Bachelet, alertou aos 47 Estados membros do órgão que os ataques indiscriminados e desproporcionais, destruindo a infraestrutura instalada em Gaza, podem caracterizar crimes de guerra. A comunicação foi feita na reunião de 28 de maio de 2021, pedida pelo Paquistão e em nome da Organização de Cooperação Islâmica.

Na mesma linha de denúncia, o relator especial sobre a situação dos direitos humanos nos territórios palestinos ocupados desde 1967, Michael Lynk, reiterou que os ataques de Israel podem vir a ser investigados pelo Tribunal Penal Internacional (TPI). Lynk acrescentou que o enclave não era nada mais do que uma "pequena porção de terra, mantendo mais de dois milhões de pessoas sob a ocupação, separada do mundo exterior por um bloqueio abrangente e ilegal por ar, mar e terra".

Impressiona a franqueza das denúncias, à altura do cinismo dos Estados Unidos e seu apoio praticamente incondicional ao racismo sionista, por meio de permanente "ajuda militar" e do veto no Conselho de Segurança da ONU. Bachelet, de sua parte, quando esteve à frente do Palacio de La Moneda, operou com políticas contra as populações indígenas, criminalizando a luta do povo Mapuche e militarizando a Araucanía. Portanto, se trata de uma especialista em racismo institucionalizado e ocupação militar em território originário. A ex-presidenta do Chile entende do tema e reconhece no Estado invasor suas próprias práticas, indo ao encontro dos anseios da extrema direita e do neoliberalismo de linha chilena.

Na luta contra o colonialismo, todas as frentes são importantes e as formas de luta válidas. As sistemáticas mentiras proferidas pelos apoiadores do apartheid tem a cada dia sua legitimidade questionada. As denúncias da Human Rights Watch (HRW), na ONU e as investigações que podem resultar no TPI operam como uma maneira de escapar da censura midiática, bloqueio da opinião pública e tentativa de controle nas redes sociais manipuladas por algoritmos. A situação beira o irrealismo muitas vezes. O opressor acusa de perseguição quem denuncia o assassinato em massa e a limpeza étnica da população nativa. Todo esforço é necessário para não deixar que a verdade dos fatos sucumba à "narrativa" dos invasores europeus.

O papel das deportações e a limpeza étnica na geopolítica do Grande Oriente Médio

19 out. 2020

Poucos termos e conceitos mesclados chamam mais atenção e tornaram-se mais polissêmicos do que "geopolítica". Das várias escolas e linhas teóricas que desenvolvem a ciência aplicada, ou, o fim último do estudo da geografia para a guerra e conflitos, há certo consenso de que: apenas com geopolítica, o Sistema Internacional e o planeta não passam de pura crueldade institucional (na mescla de cinismo, moral maquiavélica e um pressuposto realista duro). Por outro lado, pessoas em desacordo com a "naturalização" das formas humanas de existência (onde me filio), se veem obrigadas a compreender a geopolítica e suas derivações sofisticadas (geoestratégia e geoeconomia), como o letramento básico dos jogos de poder internacionais. Tomando como ponto de partida a defesa de povos e territórios e a presença humana anterior a impérios, manipulações e invasores coloniais, nos vemos na obrigação de defender os direitos inalienáveis de habitantes ancestrais, como o povo palestino, sem cair na "tentação totalizante" de condenar povos e sociedades inteiras.

Infelizmente, não podemos tentar evadir dos debates e releituras da geopolítica quando abordamos o Grande Oriente Médio, como o eixo de territórios contínuos em que se materializa o Mundo Árabe e de onde houve a expansão do Mundo Islâmico. A vantagem de constituir uma unidade política autônoma, vindo a ter estas distintas formas estatais (ou não necessariamente estatais) é algo definidor no destino de povos, regimes e relações sociais em que a disputa de poder é quase sempre terminal.

Na terra de nossos ancestrais, há presença humana organizada tão antiga quanto a própria humanidade, mas a conhecida "modernidade", oriunda do século XVIII, no período iluminista e posterior à Revolução Francesa, chegou a bordo de navios de guerra ocidentais. Nesse sentido, a reprodução do conceito de Estado nacional, uma fantasia jurídico-formal que atesta aos seres humanos vivendo dentro de fronteiras definidas o status de cidadania plena, quase sempre sobrepõe duas dominações: a de controle dos recursos, fluxo de riquezas e poder, e também a de capacidade de exercício da própria cidadania, com status distinto segundo as marcas de origem, das comunidades étnico-culturais, incluindo a clivagem religiosa.

Durante a Primeira Guerra Mundial (de julho de 1914 a novembro de 1918), a humanidade se destruiu em um conflito interimperialista, em que ambos os blocos de alianças usaram como carne de canhão tanto sua força de trabalho, como o recrutamento em massa de populações com territórios ocupados. É da ordem de mais de 1 milhão a presença de soldados árabes nas fileiras francesas, assim como os "povos transcaucasianos" lutaram pelo decadente Império Russo, que havia ocupado suas terras, promovendo (mais uma vez) genocídios e deportações em massa. A relação do Império Otomano com as populações árabes era menos inamistosa, mas, ainda assim, foi duríssimo o controle dos chamados Jovens Turcos, quando ainda estavam como oficiais do igualmente decadente otomanismo, comandado pelo triunvirato dos três pashás. A relação de um Estado em guerra com a população, vista como rival interna, é ainda pior. Como exemplo disso, temos o genocídio armênio (em suas várias etapas, a partir de abril 1915) e antes, a conquista do Cáucaso pelo Império Russo, movimento que durou meio século levando a deportações em massa.

Seguindo a lógica da conquista de um território, este traz consigo a mancha territorial, a população (e sua geografia cultural já instaurada), recursos naturais e subsolo, além da extensão em si, incluindo limites por terra, água (mares e águas interiores) e espaço aéreo. A terra e a permanência sobre ela é motivo de disputa, tal como a legitimidade das formas de exercício de governo, com maior ou menor volume de direitos políticos, jurídicos, sociais, econômicos e de acesso às instituições formais.

A guerra de "independência" que constitui a Turquia moderna (de maio de 1919 a outubro de 1922, com o armistício assinado em apenas em julho de 1923) garantiu a unidade territorial possível da república turca e foi erguida por meio do pensamento e ação dos oficiais oriundos dos Jovens Turcos. Podemos afirmar que o país fundado por Mustafá Kamal Pasha, o Atatürk, herói comandante da Batalha de Galípoli (na Primeira Guerra Mundial, à frente de três divisões do exército otomano, em que ao menos duas eram compostas por soldados árabes), é a versão possível, no século XX, para a concretização de um Estado "nação". Se, por um lado, a Turquia conseguiu unificar seu território e expulsar potências invasoras, por outro, sua "unidade nacional" tem consequências duríssimas e passíveis de críticas para importantes setores de sua população.

A outra formação concreta de Estado "nacional" se realiza com a Nakba, a expulsão de cerca de 850 mil pessoas árabe-palestinas da onde viviam desde os tempos da Cananeia, quando o idioma aramaico era língua franca. A formação do Estado de Israel, por meio de sua "guerra de independência" (na qual a unidade política dos colonos eurojudeus substitui ao Mandato Britânico), promoveu uma gigantesca limpeza étnica no território que seria "partilhado". Podemos afirmar que a limpeza continua, na "normalização" do apartheid com a Naksa, em junho de 1967 e com a Ocupação, ainda mais ilegal, de Gaza e Cisjordânia. Dominar, dividir, tomar os recursos estratégicos, despovoar, destruir marcos da geografia cultural (incluindo implosão de residências e erradicação de oliveiras centenárias) e, por fim, criar o "novo normal", em que crimes de lesa humanidade seriam toleráveis para "paz e estabilidade" dos setores dominantes, são atos sistemáticos do invasor.

Não se trata de novidade, mas sim de permanência. Tecnicamente, as deportações em massa, com o objetivo de despovoar um território para substituir a população por outra "leal" ao governo central, é um artifício muito antigo nos dramas de disputas de poder na humanidade. Implica uma manobra "clássica" dos controladores do poder, seja este cristalizado ou se instituindo.

A herança da presença imperialista deixou marcas sectárias e, maquiavelicamente, manipulou líderes de comunidades, decretou a formação de Estados fictícios e encravou uma cabeça de ponte eurocêntrica com a criação de Israel. Aos olhos das potências imperiais do início do século XX, o Grande Oriente Médio era um manancial de recursos e populações "atrasadas", apesar de ser a fonte de culturas milenares e sentimento pan-arabista (laico e tolerante), assim como pan-islâmico. Promover a boa convivência das distintas identidades comunitárias étnico-culturais e religiosas da região é fundamental para nos livrarmos da herança maldita do acordo Sykes-Picot-Sazanov (o famigerado tratado secreto entre França e Inglaterra que contou com a Rússia no começo) e outros planos macabros. Em última análise, os conflitos regionais só interessam às potências eurocêntricas e a seus aliados de ocasião. Evitar o sectarismo, defender a libertação da Palestina nos termos que a luta permitir e assegurar sociedades democráticas, justas e inclusivas é um caminho que pode superar o cinismo maquiavélico que deforma a região há mais de cem anos.

Bandeiras de Israel nos atos da extrema direita: um debate de fundo

06 maio 2020

No domingo, 03 de maio de 2020, o presidente do Brasil, Jair Messias Bolsonaro, surge na rampa do Planalto junto a duas outras bandeiras: a dos Estados Unidos e a do Estado de Israel. A convocatória do ato não pode ser mais execrável. Fim do isolamento social, sociopatia coletiva subestimando a pandemia, ofensas à OMS e a constante briga do protofascismo com as instituições liberal-burguesas. Qualquer semelhança com o clima político da Alemanha dos anos 1930 não seria nenhuma coincidência. As nuances entre esses momentos históricos mudaram, mas há semelhança.

É fato. O "novo normal" é ver a presença da bandeira de Israel em atos do boslonarismo. Isso porque as relações da extrema direita brasileira com o país ainda governado por Benjamin Netanyahu são relativamente novas, mas já constituem um padrão. A farsa de "defesa do Ocidente" reproduzindo uma aliança tramada nos EUA desde a década de 1990 — neocon e telecon — aponta que esse Estado seria o bastião do mundo europeu no Oriente Médio. Em parte é verdade.

O fenômeno chegou ao Brasil e se massificou por meio das empresas de exploração da fé alheia, baseadas na pregação pentecostal, por meio da Teologia da Prosperidade e das relações com o chamado "sionismo evangélico", com origens no cinturão bíblico do Império. Também é certo e verificável que tal aliança consegue furar o justo bloqueio contra as políticas de apartheid israelense, mas com uma inequívoca guinada à direita, muito à direita, tão mais à direita, que chegam a conviver com espaços políticos tipicamente supremacistas e neonazistas. Por vezes discreto, noutras nem tanto, apoiadores do colonialismo israelense se veem lado a lado com antissemitas. Vejamos um exemplo.

Uma personagem sinistra

A brasileira Sara Fernanda Giromini adota o apelido de Sara Winter. Nascida em São Carlos, no interior de São Paulo, a agitadora de extrema direita utiliza a alcunha de uma ex-socialite que participou ativamente na União Britânica de Fascistas (UBF), racha do racha à direita do Partido Trabalhista inglês, fundada por Oswald Mosley. A UBF, onde militava a Sarah Winter original, era abertamente antissemita, e reproduzia os discursos de ódio racial, linguístico, étnico-cultural e religioso. No Pós-Guerra, Mosley continuou atuando na política, fundando uma espécie de movimento de unificação europeu ou eurocentrado. Tais teses derivaram em algo próximo ao pertencimento do mundo eurocêntrico, que agrega no panorama de ideias a fascistas e neonazistas ucranianos.

Qualquer parecença de discursos com o imbecil farsante do Olavo de Carvalho, tentando imitar ou se contrapor ao demente Alexander Dugin e seus asseclas intelectuais, não são nenhuma coincidência.

Sara Winter, o alias de Sara Fernanda, foi uma das figuras centrais da agitação fascista do domingo, 03 de maio, em Brasília. Lá, a ex-assessora da ministra Damares Alves (ainda titular da pasta da Mulheres, Família e Direitos Humanos) "brilhou". Antes do cargo comissionado como Secretária Nacional da Mulher, a versão brasileira da fascista britânica concorreu à deputada federal pelo DEM de São Paulo, não sendo eleita.

As relações perigosas continuaram. Em 30 de abril de 2020, a militante de extrema direita com vínculos neonazistas posta em seu perfil no *Facebook* uma matéria absurda, na qual o portal bolsonarista "Brasil Sem Medo" afirma que "Queda do Bolsonaro deixaria o caminho livre para Soros no Brasil". Seria uma entrevista com o "jornalista investigativo", Nicolás Morás. No mesmo portal, dia 05 de maio de 2020, em conteúdo exclusivo para assinantes, a chamada é "Israel anuncia descoberta de anticorpo para o Covid-19". Soros, além de especulador financeiro e grande doador do Partido Democrata dos EUA (tem dupla cidadania, húngara e estadunidense), tem ascendência judaica e sofreu perseguição quando os nazistas ocuparam a Hungria. Estranho, não? Na mesma publicação pode ser lida uma absurda teoria conspiratória e evidente alusão antissemita e, ao mesmo tempo, a chamada simpática à indústria de Israel.

Voltando à personagem Sara Winter, a fascista brasileira afirma seus laços com Olavo de Carvalho. Este, sempre envolto em controvérsias, foi acusado de antissemita pelo excelente site jornalístico *The Intercept*, cujo editor, Glenn Greenwald, é de família judaica. É evidente que não se pode considerar Olavo "inimigo do Estado de Israel", mas sim antissemita no sentido mais amplo, pois as culturas semitas não são exclusivas dos hebreus. Semitas também somos todos os descendentes de Ismail. Como o antissemitismo é uma invenção do Ocidente e o farsante ex-astrólogo confunde tudo de propósito, se dizendo defensor das "tradições" judaico-cristãs, esse energúmeno, consegue gerar a confusão necessária para justificar tanto seu apoio a Tel Aviv como sua simpatia com teorias "essencialistas" das culturas.

Sara Winter promoveu o lema "vamos ucranizar o Brasil". De certo se refere à formação dos grupos de apoio que acamparam em Kiev (no movimento Euromaidan, tendo início em novembro de 2013), quando a crise com a Rússia avançava para a chamada Guerra de Donbass, iniciada em fevereiro de 2014. A Ucrânia está em guerra por controle territorial até agora, por dois fatores: a vitória do movimento apoiado por Sara brasileira e a luta da minoria russo-étnica no leste do país. No meio de tudo isso, contratos de óleo e gás além do acesso ao mar Negro. O impasse militar levou à formação dos enclaves pró-Rússia de Donetsk e Luhansk, além da re-anexação da Crimeia à Federação Russa.

A Ucrânia teve suas mais recentes eleições presidenciais em abril de 2019, sendo o regime neste país o semi-parlamentarismo. Foi eleito o ator e comediante Volodymyr Oleksandrovych Zelenskyy (mais conhecido como Zelenskyy), de família judaica. A campanha do comediante teve amplo apoio financeiro do oligarca Ihor Valeriyovych Kolomoyskyi e ambos deram suporte, em todos os níveis, para a luta anti-separatista. Na formação dos chamados "batalhões de voluntários ucranianos", tinha de tudo e quase tudo o que não presta. Nenhuma palavra condenatória de Zelensky, Kolomoyski e companhia. Ambos querem se safar de problemas e estar bem com a OTAN e a Federação Russa.

Não é uma aliança de oligarcas e políticos que reivindicam sua origem judaica com neonazistas, é cinismo mesmo. Oportunismo cínico de negociantes e politiqueiros, não importando a origem destes. Mas, símbolos nazistas eram — são — abundantes, tanto na Ucrânia dos Euromaidan, como no Brasil de Bolsonaro. Alguém viu o Estado de Israel se mobilizando contra? Colocando seus vastos recursos de inteligência e os longos braços operacionais contra a laia? Pois é.

No Brasil, uma tímida reação não oficial

Na página da Confederação Israelita do Brasil (CONIB), ao menos até o momento em que este artigo foi concluído, a única notícia que havia criticando diretamente o governo Bolsonaro dizia respeito ao chanceler, Ernesto Araújo, e mais uma comparação infeliz dele. O péssimo ministro do Itamaraty bolsonarista — o que já foi chamado de idiota em cadeia nacional de televisão —, comparou o isolamento social com campos de concentração. A crítica da CONIB é justa, mas a omissão, não. O presidente da Confederação repudiou a presença da bandeira de Israel em atos antidemocráticos com o seguinte argumento: "A comunidade judaica brasileira é plural. Há judeus e judias em todos os campos do espectro político, da direita à esquerda, de centro, apoiadores e opositores do governo".

Outras entidades, como já afirmamos anteriormente, da controversa "esquerda" sionista, também criticaram a presença da bandeira. Mas, referências diretas às relações entre a pregação de Bolsonaro, o chamado "sionismo evangélico" e das novas extremas direitas dos EUA com vínculos nazistas, até agora nada — ou quase nada — apareceu.

A mesma checagem foi realizada na página oficial da Embaixada de Israel no Brasil. Nem uma linha na página de capa, em busca simples pela internet, a presença da bandeira com a estrela de David foi por vezes condenada, mas nada que relacione diretamente esse controverso leque de alianças.

Evidências, sem hipocrisia

Vamos às evidências. Existe posicionamento de extrema direita em todas as comunidades étnico-culturais e, por vezes, essa posição horrorosa encontra novas formas. Por isso, denominar ao bolsonarismo como "protofascismo" não é exagero. Tampouco é correto associar origens com posicionamentos. Se assim fosse, os mais de 12 milhões de brasileiros e brasileiras com origens libanesas (portanto árabe-descendentes) formariam uma enorme base de apoio para a libertação da Palestina e a defesa incondicional da soberania do Líbano. Com essa suposta coerência, jamais poderíamos imaginar que Paulo Guedes teria como braço direito um "brimo" chamado José Salim Mattar Jr. O que dizer de personagens da mesma estirpe, como Naji Nahas ou Paulo Salim Maluf? Podemos ser condescendentes? JAMAIS.

A vocação colonial do Estado de Israel tolera até a presença de antissemitas em atos com sua bandeira. É asqueroso, mas é verdadeiro. É a mesma "tolerância" seletiva e indignação "desproporcional" que tenta colocar a situação do conflito árabe-israelense e a ocupação de Israel na Palestina como sendo "as duas partes de um problema complexo"? A "complexidade" inclui uma ocupação militar ilegal, desde junho de 1967, cujo período posterior aos "acordos" de Oslo resulta em Ocupação na Cisjordânia. Na era recente, a política de apartheid e bantustão aumentam, pois, desde junho de 2007, o Estado de Israel promove um Cerco à Faixa de Gaza (incluindo as águas territoriais e a chantagem sobre os traidores do Cairo, que também cercam Gaza através do Sinai). Até quando tamanha hipocrisia vai prevalecer?

ISLAMOFOBIA

Islamofobia como arma de guerra política

20 fev. 2023

A apostasia é uma arma de guerra política recorrente. Perseguir, proibir, destruir e violar locais de culto e do sagrado formam um arsenal de provocações que podem facilmente incendiar um país. Quando se trata de ataques contra o sistema de crenças do Islã, não importando seu matiz e ramificação, a situação se torna ainda mais séria, obrigando chefes de Estado e líderes de governo a tomarem posição.

Considerando que a Turquia é governada por um partido islamista desde 2002, é preciso tomar todo cuidado para separar as críticas. Uma dimensão é se posicionar contra ou a favor da política doméstica dos distintos governos de Erdogan. Nessa posição se inclui a delicada situação do sudoeste da Turquia, também chamado de Curdistão Turco. A vitória parlamentar do HDP (partido que congrega a esquerda curda e a turca não xenófoba) foi contundente e a mudança de regra do jogo posterior é condenável. Outra situação, já escrita por este analista, foi o intento de golpe gullemista de julho de 2016. Nessa ocasião, o conjunto de forças políticas turcas (de situação e oposição) declararam não apoiar a tentativa de tomada de poder por meio da influência do pouco crível "líder religioso" exilado nos EUA.

Ainda nesse conjunto complexo, podemos ter posições diversas quanto à atuação da Turquia no Oriente Médio e, como também já escrevemos antes, à urgente e necessária retirada desse país da OTAN e o imediato rompimento de relações com o "Estado Colonial do Apartheid na Palestina Ocupada" (aliás, Estado de Israel ou entidade sionista promovida por invasores europeus de alegada fé judaica). Falando em apostasia e perseguição aos lugares de culto, poucos territórios do planeta são mais atacados do que Al Quds (Jerusalém) sob ocupação sionista e a evidente tentativa centenária de expulsar a população árabe-palestina de fé cristã (ortodoxa melquita, orotodoxa grega, católica do oriente e de origem armênia) da cidade sagrada.

Quando Al Quds outrora foi libertada pelas tropas fiéis de Yusuf ibn Ayyub ibn Shadhi — o sultão Salahaddin — teve suas igrejas e locais sacros plenamente assegurados e com total direito de uso. A invasão sionista é tão anti-árabe como a dos cruzados, e não é exagero afirmar que se trata de um prolongamento. O próprio recrutamento da população árabe de fé judaica (mizrahim) é uma manobra política fundamental para ampliar o sectarismo. Assim, o inimigo estimula o combate entre brimos e brimas que na Palestina conviviam por 3 mil anos e sequer sabiam da existência de europeus asquenazes (com forte possibilidade de serem originários da conversão da elite khazar por volta do século VIII A.D.).

Nesse corrente século, a prática mais comum no Ocidente é de dupla cretinice. A primeira modalidade vem do século XIX e ganha proporção global com os crimes da

Shoah (holocausto nazista contra eurojudeus), e se trata da contínua alegação de "antissemitismo" contra quem defende a libertação da Palestina e do Bilad al-Sham. Isso se dá na Grande Cananeia, cujos territórios são invadidos há mais de cem anos por europeus que praticam o verdadeiro antissemitismo (pois semitas somos nós, de origem árabe!). A outra prática é a islamofobia, provocada por meio da apostasia, escondida sob o manto da "liberdade de expressão".

Islamofobia: arma de guerra política da OTAN

Em 22 de janeiro de 2023, o primeiro ministro da Suécia, Ulf Kristersson, criticou a postura do líder da extrema direita dinamarquesa, Rasmus Paludan (à frente do partido Stram Kurs), ao queimar um Alcorão diante da embaixada da Turquia. Segundo o premiê sueco:

> A liberdade de expressão é uma parte fundamental da democracia. Mas o que é legal não é necessariamente apropriado. Queimar livros que são sagrados para muitos é um ato profundamente desrespeitoso. Quero expressar minha solidariedade a todos os muçulmanos que estão ofendidos com o que aconteceu em Estocolmo hoje.

Reação tímida essa. A manobra de Paludan é relativamente fácil e de baixo custo. Basta provocar criando o sentido de profanação e mais de 1 bilhão e 900 mil seres humanos se verão atingidos de imediato. Ataques semelhantes ocorreram na Dinamarca e na Holanda, sem contar a perversão sádica do jornal "cômico" francês Charlie Hebdo difundida no perfil do Twitter desta publicação. O sadismo aumenta porque a "satirização" se deu justamente após a tragédia humanitária do terremoto que atingiu simultaneamente a Turquia e a Síria.

Diante dessa onda de ataques realizadas em sociedades cujos Estados são países membros da OTAN (com exceção da Suécia, e não se sabe até quando), a Organização Islâmica de Cooperação se manifestou prontamente, em uma declaração com 15 pontos, contendo orientações diretas de mobilização e contra resposta. Destacamos aqui três destas:

> 1. Condena veementemente as recentes agressões desprezíveis contra o Sagrado Alcorão Al-Kareem na Suécia, Holanda e Dinamarca, e apela aos respectivos governos para que tomem medidas eficazes para prevenir a repetição desses atos vis.
>
> 4. Convida os embaixadores dos Estados Membros da OIC nas respectivas capitais onde ocorrem atos vis contra o Sagrado Alcorão Al-Kareem e outros símbolos sagrados islâmicos, para fazer esforços coletivamente com relação aos parlamentos nacionais, mídia, organizações da sociedade civil, bem como como as instituições governamentais, a fim de expressar a posição da OIC e induzir as autoridades competentes a tomar as medidas legislativas necessárias para criminalizar tais ataques, cientes de que o exercício da liberdade de expressão acarreta deveres e responsabilidades especiais.
>
> 13. Solicita à Secretaria-Geral da OIC que se envolva com atores, organizações e instituições internacionais para aumentar a conscientização global sobre a islamofobia, o ódio e a intolerância contra os muçulmanos; e combater eficazmente o fenômeno em coordenação com as organizações nacionais e internacionais.

Diante disso, o cenário doméstico de qualquer país de maioria islâmica é evidente. Todo partido ou força política e religiosa que apoiar tanto a ocupação sionista como a islamofobia deve ser visto como traidor. Isso gera um problema de ordem estratégica dentro da OTAN, pois um dos países potência do Islã em escala global — a Turquia — (os demais são Irã e Paquistão, e em escala regional, Indonésia e Malásia, outrora o Egito de Nasser já teve essa envergadura) — está dentro da "aliança". É preciso sair da mesma linha com cruzados.

A Turquia fora da OTAN e contra as agressões cruzadas e ocidentais

Qualquer governo de Ankara que não se posicione diante da apostasia islamofóbica estará contra a parede. O líder do AKP, Recep Tayyip Erdogan, está confrontando a verdadeira posição dos países da OTAN em relação ao Islã. Se tivesse uma posição mais dúbia e pró-Ocidente (como a "dinastia" inventada dos Pahlavi na Pérsia), poderia fazer um jogo de oportunismo. Para quem se pretende líder da Ummah, essa posição é inviável.

No limite do sistema de crenças dentro da OTAN, suas verdadeiras posições — utilizando seus círculos extremistas — não escondem sua hostilidade ao Islã. Se contarmos as agressões do século XXI, o registro histórico recente aponta agressões desestabilizadoras contra o Iraque, Afeganistão, Líbia, e em todos os lugares que as forças da OTAN entraram (como a França no Mali em 2013, por exemplo).

Qualquer liderança responsável à frente de países de maioria islâmica se vê obrigada a responder e tomar posição.

Repito, tanto em relação aos ataques islamofóbicos, como quanto às agressões militares citadas e tendo como pano de fundo a permanente ocupação sionista e cruzada na Palestina e no Levante. Com Erdogan e toda liderança política turca ocorre situação semelhante. Ankara fora da "aliança cruzada" é um objetivo estratégico e uma obrigação moral, tanto para o Mundo Islâmico como para o Sul Global.

A face islamofóbica e colonizada do discurso de Bolsonaro na ONU

23 set. 2021

Na terça-feira, 21 de setembro de 2021, o presidente de uma República com mais de 16 milhões de árabes descendentes passou por uma vergonha de escala planetária. No discurso de abertura na Assembleia Geral da ONU, além de todos os vexames ocorridos antes e depois do evento, o presidente Jair Bolsonaro conseguiu também ofender a população de credo islâmico em todo o planeta. Ele, talvez por pressão do Departamento de Estado, quem sabe por mais um arroubo da própria estupidez, prometeu dar asilo para a população afegã composta de "cristãos, mulheres, crianças e juízes".

Se a posição brasileira fosse realmente de asilo universal e direito dos refugiados, deveria defender essa postura em escala universal, incluindo a crítica direta aos EUA. Sob a administração de seu ídolo Donald Trump, a superpotência decadente expulsou centenas de milhares de latino-americanos, além de colocar em jaulas milhares de crianças centro- americanas. Já no recente e desastroso governo Biden, a meta é a deportação de milhares de haitianos.

O que faz Bolsonaro? Ficou comprometido com a agenda internacional dos EUA, sem entrar no mérito do problema de fundo. Mais, falou para os possíveis financiadores internacionais — e ilegais por consequência — de sua aventura rumo à reeleição em 2022. Steve Bannon já disse que o pleito brasileiro do ano que vem é a mais importante eleição de seu projeto. A posição do desgoverno Bolsonaro segue sendo subalternizada, como sempre.

Prometer refúgio a mulheres e crianças deveria ser uma prática permanente do Itamaraty, ainda mais em países árabes (não é o caso do Afeganistão) ou islâmicos, sendo estes muito atingidos pelos bombardeios em massa promovidos pelos EUA. E não uma exceção.

A outra aberração ao ofertar "asilo para cristãos" no Afeganistão resulta no mínimo absurda. Um porque essa população convertida seria 0,03% do país. Outro fator é de longo prazo. Existe um fenômeno muito recorrente no Oriente Médio (na região chamada de Oeste da Ásia) e no Grande Oriente Médio (Ásia Central e norte da África incluído) que é a conversão recente de populações e invasores coloniais ao pentecostalismo. O mesmo ocorre em terras afegãs.

Até onde se sabe o sistema de crenças das nove etnias residentes no Afeganistão não inclui nenhuma forma de cristianismo. A tradição do primeiro cristianismo, a nossa, a de Issa, Eescho em aramaico, é solenemente ignorada pelo energúmeno que hoje ocupa a Presidência do país.

Logo, oferecer "asilo" aos cristãos de um país invadido por tropas ocidentalizadas tanto no período soviético (matriz russa e bizantina) ou da aliança EUA e OTAN (matriz anglo-saxã) seria como proteger um capelão de forças coloniais britânicas a soldo da Companhia das Índias Orientais. Talvez outra analogia, defender os inquisidores promovendo perseguição antissemita em sentido amplo (contra árabes culturais de todo tipo, sejam cristãos, judeus ou muçulmanos), como nas Cruzadas ou na "reconquista" sanguinária de Al-Andaluz.

Bolsonaro, como sempre, apesar de alguns poucos levantinos traidores que seguem apoiando-o, segue sendo portador de uma estupidez abissal em relação ao mundo árabe. Infelizmente ainda somos menos ativos do que deveríamos ser na defesa dos legítimos interesses de nossos países ancestrais. Mais de 95% dos patrícios e patrícias vêm do Líbano, Síria e Palestina. Os três territórios sofrem ocupação estrangeira, agressões militares e tentativas permanentes de invasão.

Bolsonaro, o ignorante no Mundo Árabe, citou a missão brasileira ao Líbano, a participação importante e reconhecida na Força Interina das Nações Unidas no Líbano (FINUL, UNIFIL na sigla em inglês). Obviamente não deu contexto algum. A missão começou após um pedido do governo libanês, desde outubro de 2006, quando os povos da terra do cedro alinhados com o Eixo da Resistência e com o Hezbollah na primeira linha, derrotaram o invasor sionista. Era a segunda vitória consecutiva em menos de dez anos.

O gabinete do primeiro-ministro em Beirute pede para as Nações Unidas uma força de proteção da fronteira, justamente para colocar um território tampão impedindo — ou dificultando — que os tanques Merkava dos colonialistas pudessem avançar sobre as terras do Sul do Líbano. A UNIFIL estabeleceu também uma Força Tarefa Marítima (FTM), cuja frota contava com a briosa Fragata Independência da Marinha de João Cândido, iniciada em 1º de janeiro de 2011. Sua missão era ajudar a patrulhar águas libanesas cuja maior ameaça é a presença de vasos invasores sionistas. A missão brasileira se encerrou em 2020.

A UNIFIL tem suas limitações e não consegue nem romper o bloqueio naval do invasor colonial em águas outrora navegadas pela gloriosa marinha fenícia. Tampouco a UNIFIL protege os céus da Cananeia agredida e ocupada, mas já ajuda. Logo, o energúmeno afirma a missão brasileira junto à ONU no Líbano e esconde a posição anticolonial dessas unidades militares do país irmanado.

Por que o ignorante não citou a missão brasileira em Suez? Quando o governo egípcio sob o comando de Gamal Abdel Nasser nacionaliza o Canal de Suez, as forças coloniais da Grã Bretanha, França e da entidade sionista invadem simultaneamente a Península do Sinai, visando retomar o estreito que liga o Mediterrâneo ao mar Vermelho e ao Índico. A intervenção da ONU reforça as posições árabes e do Egito, protegendo os territórios invadidos pelos ocidentais em 1956. Tampouco citou a participação do então tenente de infantaria, Carlos Lamarca, que quando já promovido a capitão, opta pela "luta justa" (*jihad*) e se alinha com a insurgência do povo brasileiro contra a ditadura militar alinhada com os Estados Unidos.

Essa missão que durou dez anos não foi citada pelo presidente que levou o Brasil ao máximo vexame, tanto ao falar onze mentiras em doze minutos de discurso como também ao participar da Assembleia Geral da ONU sem estar vacinado. Ao contrário, fez um pronunciamento contra o terrorismo, em escala genérica, o que implica no Sistema

Internacional estar alinhado com a chamada "guerra ao terror" (GWOT da sigla em inglês), esta sendo comandada pelo Império Anglo-Saxão e promovendo violação permanente do direito internacional.

Por que o presidente não defendeu a histórica posição brasileira de neutralidade e diplomacia, exigindo a retirada de tropas da OTAN de territórios externos às soberanias dos países membros do Tratado do Atlântico Norte? Por que não exigiu o fim imediato dos assassinatos coletivos de populações islamizadas por meio de aeronaves não tripuladas (drones) de ataques operados pelos EUA? Por que não demandou contra a permanente violação do espaço aéreo do Paquistão e do Iêmen? Por que não defendeu a autodeterminação dos povos e o rechaço ao colonialismo na Palestina Ocupada? Por que Jair Bolsonaro é um colonizado, fala para sua bolha doméstica e externa e busca o apoio da excrescência do Ocidente, representada pelos financiadores de campanha de Trump, Orban e outros líderes xenófobos e islamofóbicos.

Uma agressão como essa é imperdoável para a colônia árabe brasileira e jamais deve ser esquecida.

As falsas acusações de antissemitismo como arma de guerra

11 jan. 2021

O Centro Simon Wiesenthal definitivamente desistiu de sua própria reputação e passa a perseguir toda e qualquer pessoa com destaque na sua sociedade que ouse denunciar os crimes de Israel e a perseguição sistemática ao povo palestino. A mais recente vítima dessa manipulação grosseira é o prefeito de Recoleta, uma municipalidade da Região Metropolitana de Santiago do Chile, o arquiteto Daniel Jadue. Parece que estão armando para o político filiado ao Partido Comunista do Chile e pré-candidato às eleições presidenciais no país o mesmo tipo de ataque desferido contra o trabalhista inglês Jeremy Corbyn, em 2018.

No Brasil, o caso mais recente foi a campanha difamatória contra o pré-candidato do PSOL à prefeitura de São Paulo, o professor Guilherme Boulos. A carta difamatória foi produzida por uma ONG que atua como grupo de pressão do Estado de Israel. Li ataques semelhantes de autor olavista que tem passaporte israelense. Boulos se explicou em vídeo muito didático, com argumentos razoáveis, pontuando sua repulsa pelo antissemitismo e a defesa inexorável dos direitos humanos e inalienáveis do povo palestino .

O problema de fundo é outro. A ressignificação do termo antissemitismo é a chave das alegações desses grupos de pressão. A Aliança Internacional para a Memória do Holocausto (IHRA na sigla em inglês) conseguiu a seguinte definição em plenária realizada em Bucareste, Romênia (maio de 2016): "O antissemitismo é uma certa percepção dos judeus, que pode ser expressa como ódio aos judeus. Manifestações retóricas e físicas de antissemitismo são dirigidas a indivíduos judeus ou não judeus e/ou suas propriedades, a instituições da comunidade judaica e instalações religiosas." Sinceramente, essa definição é bastante razoável e pode ser amplamente defendida. Entretanto, no guia de "exemplos contemporâneos" consta no sétimo item que: "Negar ao povo judeu seu direito à autodeterminação, por exemplo, alegando que a existência de um Estado de Israel é um esforço racista". Ou seja, por essa definição não há racismo promovido sistematicamente pelo governo de Tel Aviv, não houve Nakba (a limpeza étnica e deportação de mais de 800 mil pessoas) e nem tampouco aconteceu a Naksa em 1967. Já no décimo primeiro item soa algo mais plausível: "Responsabilizar os judeus coletivamente pelas ações do estado de Israel."

Dessa forma, a IHRA responsabiliza todas as críticas que o Estado de Israel vir a receber, mesmo aquelas consagradas no direito internacional, como a caracterização da ocupação de Israel na Cisjordânia como um regime análogo ao Apartheid. Em relatório confidencial destinado ao Serviço de Relações Exteriores da União Europeia, o governo militar de facto na dita "Judeia e Samaria" foi caracterizado como garantidor de uma "justiça segregada".

Não para por aí. Em dezembro de 2019, o Tribunal Pela Internacional de Haia (TPI), o mesmo que condenou o carrasco sérvio Slobodan Milosevic acusou formalmente a ocupação militar de Israel na Cisjordânia como executora de crimes de guerra. Imediatamente o gabinete de Benjamin Netanyahu e o serviço diplomático do Império sob o comando de prepostos de Donald Trump reagiram. O premiê, que tem processos por corrupção em aberto e atende pela alcunha de Bibi, acusou o TPI de uma "arma política para deslegitimar o Estado de Israel". Já o impagável secretário de Estado Mike Pompeo disse que eram acusações injustas. Pela "lógica" do colonialismo, os tanques das Forças de "Defesa" de Israel (IDF, com toda ironia macabra da sigla) estão "se protegendo" de perigosos manifestantes que se defendem com pedras. É um absurdo atrás do outro e faz certo sentido.

O Estado de Israel, por meio de suas redes de diplomacia pública e "advocacy" e seus aliados tenta hegemonizar o correto debate sobre a histórica perseguição que as famílias judaicas sofreram na EUROPA. Com tal definição de antissemitismo, a maioria dos descendentes de semitas, todos nós de origem árabe (independente do credo professado, incluindo os hebreus mizrahim e sefaraditas), simplesmente não seríamos o que somos. Os territórios que compõem a América Latina, por exemplo, foram invadidos e dominados por Estados ibéricos (Portugal e Espanha, por alguns momentos com reinos unificados). A chamada "reconquista católica" foi uma avançada militar promovendo limpeza étnica, perseguições e apostasia justamente contra árabes de todos os credos. Nada disso é citado pelos itens de trabalho do IHRA e menos ainda a respeito de governos que apoiam Israel, mas domesticamente são vinculados à extrema direita, incluindo as facções nazifascistas ou supremacistas. Já abordamos esse tema no portal Monitor do Oriente Médio e qualquer semelhança com o espetáculo dantesco de seis de janeiro, quando a turba racista e apoiadora de Trump invade o Capitólio em Washington, DC não é nenhuma coincidência.

Jadue e a colônia palestina no Chile resistem

"Acredite, eu sou semita, qualquer pessoa que conheça o conceito sabe que nós árabes somos todos semitas. Sou antissionista e tenho todo o direito de criticar as políticas de extermínio tanto físicas como políticas promovidas pelo Estado de Israel com respeito ao povo palestino". Assim respondeu Jadue em uma entrevista por um importante canal chileno de televisão (no vídeo, a partir do minuto 23). A resposta foi ainda maior da vigorosa Federação Palestina do Chile, a maior colônia da Filastynia nas Américas, composta majoritariamente por famílias de credos cristãos, tal e qual uma parcela importante da geração fundadora da esquerda palestina, do Movimento Nacional Árabe no exílio e da própria OLP.

Na seção opinião, um artigo excelente de Fawzi Salam afirma, de maneira categórica, já no título: "Antissionismo é diferente de antissemitismo". Também foi publicada no portal da Federação a nota assinada por cinquenta intelectuais e artistas judeus defendendo o direito de Daniel Jadue de criticar o Estado de Israel por crimes de lesa humanidade promovidos pelo país. Citam que: "Provavelmente foram guiados pela cegueira de chilenos de extrema direita, membros ou simpatizantes de partidos que apoiaram ativamente, ou silêncio cúmplice, a ditadura de Pinochet e seus crimes contra a humanidade. Os responsáveis por este relatório do Centro Simon Wiesenthal esquecem que o nazismo ganhou impulso ao combinar fanaticamente anticomunismo com antissemitismo, e que, como judeus, nós nunca podemos permitir repetir tal lógica, homóloga em bloco aos comunistas, palestinos, críticos de Israel, antissionistas e antissemitas".

A lógica do cerco e a luta pela verdade dos fatos

A lógica do cerco por meio da "diplomacia pública" é evidente. Nos países ocidentais ou na periferia do Ocidente, as forças políticas mais à esquerda, eleitorais ou não, têm um compromisso direto com o antiimperialismo e anticolonialismo, ambas formas de dominação evidenciadas pelas políticas do Estado de Israel. Assim, o *lobby* sionista vai tentar inviabilizar potenciais candidaturas que tenham essas características e isso ocorrerá em diversas sociedades.

No caso dos países latino-americanos, fica evidente a necessidade de posicionamento das colônias de origem árabe, posicionando-nos, de forma geral, mais à esquerda e alinhando as agendas regionais antiimperialistas com a resistência ao Império e ao Apartheid israelense em terras de nossos ancestrais. O *lobby* do opressor é forte, a guerra nas redes tem como primeira vítima o fato concreto, mas se estivermos cada vez mais organizados, a verdade e a justiça prevalecerão.

Javier Milei é islamofóbico e apoia o genocídio do povo palestino

05 jul. 2024

No dia 07 de junho de 2024, o sempre surpreendente mandatário argentino Javier Milei cometeu outro gesto islamofóbico e apoiador do genocídio palestino. O automóvel presidencial estava a duzentos metros de distância do local onde ele, Milei, sua chanceler Diana Mondino e o representante do país no G20, Federico Pinedo, se reuniriam com um importante conjunto diplomático. Simplesmente o chefe do Poder Executivo da Argentina deixou plantado o conjunto de autoridades de países árabes e de maioria islâmicos com representação diplomática em Buenos Aires. O motivo alegado seria a presença do encarregado de negócios da Palestina, o embaixador Riyad Alhalabi.

    Vale observar que não se trata de um grupo eventual. Diplomatas árabes e islâmicos têm uma instância de coordenação comum na Argentina, e a participação da Palestina é regular. A sede da embaixada do território ocupado fica na rua Riobamba 981, em pleno bairro da Recoleta, distante duas quadras da prestigiada Faculdade de Medicina da UBA. É uma enorme casa centenária, patrimônio histórico, com a embaixada sendo inaugurada em 1999. O local abriga também um centro cultural e os atos em defesa da libertação da Palestina costumam se concentrar ali antes de saírem em marcha pela cidade.

O gesto de Milei não poderia ser mais absurdo, como veremos adiante. Além de irritar a Liga Árabe e a poderosa Organização pela Cooperação Islâmica, também implica um desrespeito a uma importante parcela da população argentina. No país vizinho são cerca de 3 milhões de descendentes de sírios, libaneses e palestinos. Na somatória do Bilad al-Sham, se trata da terceira maior onda migratória na virada do século XIX para o XX, estando atrás somente das colônias italiana e espanhola. Ainda assim, Milei se provou um operador do sionismo acima de tudo.

Argentina, Brasil e Chile: países com grande presença árabe

O local desrespeitado pelo presidente amigo dos Bolsonaro e apoiador do Apartheid na Palestina Ocupada é suntuoso. Em Buenos Aires, capital da Argentina, no valorizado bairro de Palermo, está localizado o Centro Cultural Islâmico Rei Fahd. Construído com capital saudita, o local agrega uma mesquita sunita de grandes proporções, uma escola de Ensino Fundamental e bilíngue (árabe e espanhol) e um belo espaço de difusão cultural. É uma obra de grandes proporções e destinada a diminuir a questão da islamofobia no país.

É um paradoxo. São três grandes levas migratórias no Cone Sul. Quando nossos antepassados aqui chegaram, o Bilad al-Sham ainda era dividido nos seguintes governos locais, dentro do Império Otomano em seu período posterior ao Tanzimat (a era da modernização): Mutasarrifate do Líbano, Mutasarrifate da Palestina, Vilayet da Síria e Vilayet de Alepo. Basicamente eram famílias camponesas que com o aumento da velocidade da circulação de mercadorias através do Canal de Suez (construído por invasores cruzados), se viram expulsas de seus minifúndios pela sucessão rural (muitos filhos, poucas terras agriculturáveis).

O resultado é conhecido: centenas de milhares de árabes de fé islâmica e cristã migraram para o Sul da América. Para o Brasil, a maioria dos imigrantes é de origem libanesa com famílias cristãs do Oriente. A maior leva é de maronitas, seguidos de melquitas e ortodoxos. A presença islâmica é mais recente — após a Segunda Guerra Mundial ou a partir da segunda guerra civil libanesa — e acompanha também a crise no território da Síria.

Já no Chile há a maior colônia palestina fora dos campos de refugiados no Oriente Médio. Majoritariamente são famílias palestinas de fé cristã, com um nacionalismo já centenário e vínculos permanentes com a terra ocupada. No caso argentino, a maioria da colônia ainda se autodenomina "sírio-libanesa" e é formada por famílias sunitas de pertença política pan-arabista. Dentro desse mosaico já saiu de tudo. Desde traidores como Carlos Saúl Menem, até famílias inteiras de *shaheeds* (mártires) que combateram a ditadura (1976–1983) tal como os Haidar: Mirta Malena, Adriana Isabel e Ricardo René Haidar.

Milei e seus asseclas desrespeitaram toda essa pertença cultural. A reação diplomática se fez presente.

A Liga Árabe a OCI se manifestam

A Organização de Cooperação Islâmica emitiu um duro comunicado após a posição hostil do presidente argentino:

> A Secretaria-Geral da Organização de Cooperação Islâmica manifestou o seu pesar e insatisfação pela recusa do presidente argentino Javier Milei em participar de uma reunião que estava agendada com o Conselho de Embaixadores dos Grupos Árabes e Islâmicos em Buenos Aires, sob o pretexto da presença de um representante do Estado da Palestina entre os participantes, e afirmou a sua rejeição deste comportamento decepcionante que não afecta o seu estatuto e direitos. Não só contra o Estado da Palestina, mas constitui uma posição hostil e injustificada em relação ao grupo islâmico, apelando à necessidade de aderir às normas diplomáticas estabelecidas de acordo com a Carta das Nações Unidas e a Convenção de Viena sobre Relações Diplomáticas, que afirma que os representantes diplomáticos devem ser tratados com o respeito e a igualdade necessários entre todos os países.

Já a Liga dos Estados Árabes se posiciona contra o presidente sionista da Argentina:

> A Secretaria-Geral da Liga dos Estados Árabes expressou grande insatisfação e espanto pela retirada de última hora do presidente argentino Javier Mele de uma reunião agendada com o Conselho de Embaixadores dos Grupos Árabes e Islâmicos em Buenos Aires, em 7 de junho, citando a presença do Encarregado de Negócios da Embaixada da Palestina na instância.

> Afirma-se que tal comportamento reflete uma postura injustificada e hostil não só em relação ao Estado da Palestina, mas também em relação a todo o grupo árabe. Lamenta profundamente que uma ação tão pouco diplomática e inaceitável tenha partido do líder de um país que anteriormente mantinha posições positivas sobre a causa palestina, posições que infelizmente foram revertidas pela atual administração política. Espera-se que a Argentina reveja as suas posições recentes sobre a causa palestina, que apresentam um preconceito flagrante em relação à ocupação e se alinham com o lado errado da história. Esta revisão é essencial para manter as relações de longa data com o mundo árabe e preservar os interesses políticos e económicos mútuos partilhados por ambas as partes.

Além da crítica em notas diplomáticas é preciso avançar, com alguma retaliação no plano econômico ou suspensão de contratos de importação. Não é possível esperar um recuo de Milei, considerando que esse neofascista se comporta como um provocador de extrema direita e não como presidente de um país com cinco prêmios Nobel.

AFEGANISTÃO: UMA ABORDAGEM COMPREENSIVA

Primeira parte

08 set. 2023

Na terça-feira, dia 31 de agosto de 2023, o aeroporto de Cabul, capital do Afeganistão, teve sua autoridade totalmente transferida para o controle do novo governo. A administração do partido Talibã assume o país ganhando a guerra de resistência, após a expulsão de invasores estrangeiros comandados pelos Estados Unidos. A retirada caótica de forças ocidentais da Organização do Tratado do Atlântico Norte (OTAN) não cumpriu um plano de escalonamento e negociações. Logo, a sensação de "caos e instabilidade" é o que vai permanecer, ao menos nos noticiários dos países ocidentalizados, como o Brasil.

O parágrafo anterior pode soar distinto dos típicos lides jornalísticos que estamos acostumados a receber, mas praticamente inicia com os fatos mais relevantes, pela ordem de hierarquia sócio-política do território devido. Podemos separar a análise em duas dimensões: o acionar externo de longo prazo e as interações regionais. Neste artigo, a ênfase maior é na primeira dimensão.

Infelizmente, não é o que se percebe, nem nos conglomerados de mídia (a primeira dimensão) e tampouco nas correntes políticas mais "à esquerda" (a ausência da segunda dimensão). Na função autodeterminada de dizer — de forma rápida e rasteira — como os processos se realizam e como os seus seguidores devem se posicionar, tanto empresas de comunicação como partidos políticos do Ocidente simplesmente negam a complexidade real das sociedades afegãs.

O problema não se encontra apenas nesse item, o de "criar narrativa" compatível com o sistema de crença do emissor. Outro fator importante é confundir teoria com doutrina e buscar as supostas "essências" culturais de "sociedades arcaicas". Não há espanto na repetição da asneira preconceituosa, embora realmente se trate de outra vergonha intelectual, mais uma dentre tantas no Brasil atual. É vergonhoso por se tratar de conteúdo de primeiro semestre do curso de Relações Internacionais, por vezes até da primeira aula do semestre em disciplinas como Estudos Regionais, Orientalismo e Ocidentalismo ou mesmo Geopolítica.

Tanto o sul da Ásia como a Ásia Central e o chamado Grande Oriente Médio são e estão sendo moldados pela ação externa, ou ao menos a projeção de poder além do continente asiático. Ao mesmo tempo, as interações são cada vez mais dentro da projeção de poder da superpotência asiática (China) e as potências regionais (Paquistão, Irã e Turquia) e a com dimensões globais, a Índia (Hindustão, parcela maior de território do antigo Rajastão Britânico).

É preciso compreender, tentar ao menos interpretar, qual o papel da projeção de poder das potências ocidentais, desde o chamado Grande Jogo dos impérios britânico e russo no século XIX, e como esse processo de longo prazo afetou profundamente a região. Estamos falando de formas sócio-culturais muito antigas, mas ao mesmo tempo bastante complexas. Grupos étnicos com instituições, territórios, rotas, formas de interação com os demais agrupamentos étnico-culturais, religião e juridicidade com elevado grau de autonomia. Ao mesmo tempo em que o território do Afeganistão — e de todo o antigo "Rajastão Britânico" (1858–1947) — era influenciado por guerras de conquista, disputas interimperialistas e formas de vassalagem e dependência os povos e suas formas políticas concretas deste pedaço de mundo foram se moldando e tentando responder.

O Afeganistão moderno é um mosaico de territórios descontínuos com pontos de passagem — rotas milenares dentro de regiões de difícil acesso — e todas as formas de vida absolutamente influenciadas por algum tipo de guerra de resistência. A relação direta entre ancestralidade, especificamente na cultura pashtun (e o código pashtunwali) e formação doutrinária de um Islã que refuta a presença do invasor ocidental, forma a base para as formas de luta contemporânea.

Podemos traçar um paralelo entre doutrinas e lideranças sunitas do final do século XVIII e ao longo do XIX que passaram por trajeto intelectual em condições semelhantes. Isso se nota em escolas distintas e até antagônicas, como a criação do wahabismo na Península Árabe e a figura central do líder sufi de formação naqshbandi Imam Shamil (1797–1871), figura inconteste na rebelião do Norte do Cáucaso contra a invasão do Império Russo (1834–1859).

Algo parecido ocorre na formação da escola Deobandi, já com a presença britânica e em especial de uma companhia de exploração colonial operando como governo de fato e subordinando sociedades inteiras, incluindo as enormes parcelas da população do Hindustão seguidoras do islã. O "deobandismo" em todas as suas trajetórias é central no papel da independência da Índia assim como foi inspirado na guerra de libertação — infelizmente derrotada — contra a Companhia Britânica das Índias Orientais. Como tem dito o historiador Tufy Kairuz em repetidas ocasiões, há uma temporalidade nestas escolas de pensamento, na tentativa de "reviver" os dias de resplendor do Islã, as sociedades influenciadas pela cultura árabe e pelo islamismo chegaram a respostas possíveis por meio das relações sociais concretas e não imaginárias. E nem sempre estas saídas apontam para posições com as quais concordamos. Mas, nem a pior das alternativas autóctones pode ser melhor do que a mais sofisticada das sociedades ocidentais invadindo territórios e países e violando soberanias e direito ancestral.

Sim, é fato, este que escreve tem profunda desconfiança de qualquer organização que possa ter um dia flertado com o salafismo, mesmo que hoje seja inimiga estratégica do também odioso takhfirismo do Daesh. Nunca neguei e jamais negarei a formação pan-arabista e minha vinculação com o Eixo da Resistência. E é justo por isso que não podemos simplesmente repetir supostas "virtudes" de invasores ocidentais e menos ainda "acreditar" em missão civilizatória de serviços de inteligência cuja parte do financiamento vem da administração do tráfico de ópio. Nesse tema, o internacionalista Thales Valenti e eu produzimos uma série para o portal *Carta Maior* abordando essa complexidade. No segundo artigo, a "Economia Política do Ópio", demonstramos apenas por meio de consulta por fontes abertas e públicas o que "comentarista especializado" algum dos grupos de mídia do Brasil querem demonstrar. Duas décadas de invasão e a escalada do narcotráfico em todas as etapas da cadeia se tornaram endêmicas. Ninguém fala isso? É como a fantasia do "pós-conflito" colombiano, em que camponeses, indígenas e quilombolas simplesmente são assassinados em maior número e se defendem com menos capacidade?! Isso é jornalismo "equilibrado"? Evidente que não.

Considerações finais

Desde a segunda metade de agosto de 2023, quando a administração Joe Biden anuncia a retirada do Afeganistão que acompanhamos infinitas estupidezes na cobertura midiática para a audiência brasileira. Já vi repórter pedindo mais tropas estadunidenses, outro transmitindo de dentro da base militar de Manama (dos EUA, mas localizada no Bahrein) e outros falando em renovar a "guerra ao terror". Por ignorância, manipulação editorial ou desinformação, o efeito é igualmente nefasto. Nem a configuração multiétnica do país é colocada e menos ainda o importante papel do Paquistão para a vitória contra os Estados Unidos.

É preciso ter a dignidade de defender um Afeganistão soberano e independente e que esse país autônomo respeite o direito das mulheres e tenha pluralismo jurídico, incluindo as interpretações de distintas escolas corânicas. Nenhum "avanço democrático" pode vir por meio de invasões imperialistas ou da arrogância.

Segunda parte

13 set. 2023

Nesta segunda parte de abordagem compreensiva do Afeganistão sob o governo Talibã, após a expulsão das forças estrangeiras, seguimos pelos fundamentos da análise estratégica em termos de estudos regionais e geopolítica aplicada. No texto a seguir apresento o básico, com o correto levantamento de dados em fontes abertas, além das relações de força doméstica e de projeção transfronteiriças.

Outra ajuda inestimável veio do internacionalista Thales Valenti, que gentilmente enviou uma listagem do ministério do governo Talibã, que assumiu plenos poderes no Afeganistão a partir de setembro de 2021. Como de costume, apesar de se tratar de informação que circula em fontes abertas publicadas em língua inglesa e, considerando que as maiores empresas de mídia do Brasil têm correspondentes e "comentaristas" versados no idioma anglo-saxão, por que não explicam a correlação entre etnia, código de lealdades e sistema jurídico?

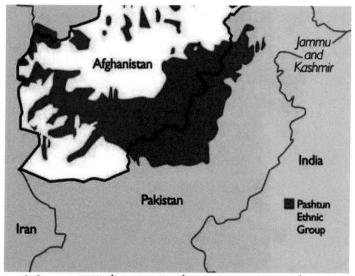

A área escura indica a região dos grupos étnicos pashtuns.
Fonte: Kashimir Watch.

Vejamos a composição do novo governo: Mullah Muhammad Hassan Akhund — Primeiro Ministro; Mullah Abdul Ghani — Primeiro Vice-premiê; Molvi Abdul Salam Hanafi (Uzbek) — Segundo vice-premiê; Molvi Muhammad Yaqoob — Ministro da Defesa; Alhaj Mullah Sirajuddin Haqqani — Ministro do Interior; Molvi Ameer Khan Muttaqi — Ministro das Relações Exteriores; Mullah Hidayatullah Badri — Ministro das Finanças; Sheikh Molvi Nurullah Munir — Ministro da Educação; Mullah Khairullah Khairkhwa — Ministro da Informação; Qari Din Mohamamad Hanif (Tadjique) — Ministro das Relações Econômicas; Sheikh Noor Muhammad Saqib — Ministro das Minorias; Molvi Abdul Hakim — Ministro das Leis; Mullah Noorullah Noori — Ministro da Fronteira e Assuntos Tribais; Mullah Muhammad Younas Akhundzada — Ministro do Desenvolvimento.

Segue a lista com o Sheikh Muhammad Khalid — Ministro for Dawat and Irshaad (a controversa pregação da virtude e prevenção do vício, talvez a vertente mais wahabbi do governo do novo emirado); Mullah Abdul Mannan Umeri — Ministro de Serviços Públicos; Mullah Muhammad Essa Akhund — Ministro para Mineração e Petróleo; Mullah Abdul Latif Mansoor — Ministro para Água e Energia; Hameedullah Akhundzada — Ministro para Aviação Civil e Transporte; Abdul Baki Haqqani — Ministro da Educação Superior; Najibullah Haqqani — Ministro da Comunicação; Khalil ur Rehman Haqqani — Ministro para os Refugiados.

As seguintes pastas também têm status de ministério e são encabeçadas por Abdul Haq Waseeq — Diretor-Chefe de Inteligência; Haji Muhammad Idris — Diretor-Chefe do Banco do Afeganistão; Molvi Ahmed Jan Ahmedi — Diretor- Chefe dos Assuntos Administrativos; Mullah Muhammad Fazil Mazloom Akhund — Vice-Ministro da Defesa; Qari Faseehuddin (Tajik) — Chefe Militar; Sheikh Muhammad Abbas Stanakzai — Vice-ministro das Relações Exteriores; Molvi Noor Jalal — Vice-Ministro do Interior; Zabiullah Mujahid — Vice-Ministro da Informação; Mullah Taj Mir Jawad — Vice-Ministro para Chefe de Inteligência; Mullah Rehmatullah Najib — Vice-Administrativo para Chefe de Inteligência; Mullah Abdul Haq — Assistente Especial do Ministro do Interior.

Ao todo são 33 pessoas em cargos ministeriais, ocupando pastas de governo e diretorias, incluindo vice-ministros. A totalidade desses postos é preenchida por homens, sendo que apenas um é uzbeque e dois são tadjiques. Dessa forma, trata-se de um governo absolutamente pashtun. Outra observação é o número de pessoas com titulação religiosa, tratando-se de 13 mulás, ou seja, um terço dos membros da nova administração.

Toda análise de cenários locais e regionais em sociedades marcadas por instituições étnico-sectárias e maioria da população vivendo entre pequenas vilas rurais e rotas de transporte (em torno de 75% reside em áreas rurais) implica necessariamente em detalhar o padrão demográfico. No Afeganistão convivem nove grupos étnicos: pashtuns, quirguizes, tadjiques, turcomenos, nuristanes, hazara, aimaque e balúchi. Desses grupos étnicos, os pashtuns (líderes do país) têm área contígua de fronteira com o Paquistão. Balúchis formam uma etnia que tinha um autogoverno limitado nos tempos do Rajastão Britânico e que, após 1947, ficaram com seu território dividido em três soberanias (Afeganistão, Irã e Paquistão). Uzbeques têm sua hegemonia cultural no Uzbequistão; o mesmo ocorre com tadjiques no Tadjiquistão; turcomenos no Turcomenistão; quirguizes com o Quirguistão (sem fronteira com o território afegão); nuristanis ocupam área fronteiriça com o Paquistão; aimaques fazem fronteira com Irã e os hazaris são de credo xiita, automaticamente sendo protegidos pela potência iraniana.

Na composição das macro-lealdades étnicas, uzbeques, quirguizes e turcomenos têm origem túrquica e os demais grupos origem persa. Isso implica em possível projeção de poder por parte da Turquia, por meio da aliança de países articulada por Ankara chamado de Conselho de Estados Túrquicos, ou Conselho Túrquico, que aborda a unidade cultural de 300 milhões de pessoas nas soberanias com esta densidade demográfica e dois trilhões de dólares em PIB acumulado e potencial de trocas econômicas. Os países membros são: Turquia, Azerbaijão, Casaquistão, Quirguistão e Uzbequistão. Na condição de membro observador, tem-se unicamente a Hungria (dentro da reivindicação da mitologia turanista). Destes, apenas o Uzbequistão faz fronteira com o país a ser governado pelo Talibã. O Turcomenistão faz fronteira, tem evidente hegemonia cultural túrquica, mas não entrou no plano do acordo do Conselho organizado pela política externa do governo Erdogan.

Os demais países fronteiriços com o Afeganistão são Tadjiquistão, Irã, Paquistão e China. Dos seis países fronteiriços, três (Turcomenistão, Uzbequistão e Tadjiquistão) fizeram parte da extinta União Soviética e foi área sob o domínio do antigo Império Russo na sua maior extensão (1721-1917). Importante observar que 11% da população suserana ou dominada pelos Romanov era de credo islâmico, o que fez com que as fronteiras afegãs fossem área de influência e rotas de trocas permanentes com os demais povos islamizados.

Nos limites fronteiriços, o país não tem acesso ao mar, o que implicaria um acordo de integração econômica e logística sino-cêntrico, conhecido também como "diplomacia ferroviária". As demais interações estratégicas da Ásia Central e do Sul da Ásia será tema do terceiro artigo desta série de abordagem compreensiva. Neste texto, a maior ênfase é no ambiente doméstico ou na escala "nacional" possível no país multifacetado.

No ordenamento político-administrativo do país, as províncias afegãs em área de fronteira são Herat, Farah e Nimruz; com o Turcomenistão além de Herat, Badghis, Faryab e Jowzjan; Balch (cuja capital Mazari Sahrif foi cabeça de ponte do Daesh no país) faz fronteira com o Uzbequistão; com o Tadjiquistão além de Balch, Kunduz, Takhar e

Badaksahn; esta última estáno delicado passo de fronteira com a China (de no máximo 60 quilômetros de extensão), nos contrafortes do Himalaia em um vale de profundidade. A maior linha de fronteira está com o Paquistão (a Linha Durand), vindo do Himalaia até o Balochistão, totalizando 2.670 quilômetros. Estas são: Badakhshan, Nurestan, Kunar, Nagarhar, Paktia, Khost, Paktika, Zabol, além das balochis, Kandahar, Helmand e Nimruz. As demais quinze províncias do país são interiores, sem acesso às fronteiras do país e cujas rotas logísticas são mais difíceis de serem alimentadas.

Tramar as relações de interesse, o perfil demográfico, as instituições sociais realmente existentes e as lealdades internas e regionais são o passo a passo para qualquer análise geopolítica. Infelizmente não vemos nenhum desses elementos fundamentais na cobertura "jornalística" sobre o Afeganistão atual e tampouco se revelam nas "análises" de forças políticas, incluindo as mais "à esquerda". Nenhuma teoria modernizante explica por completo a situação atual, e sim o estranhamento do avanço do Ocidente em sociedades islamizadas como nos explica o historiador Tufy Kairuz. Trata-se de uma situação de "longo século", três longos cem anos, tomando como princípio a presença Romanov (ortodoxa-militar-bizantina) na região. Como já afirmamos, são temas básicos na formação de qualquer curso sério de Relações Internacionais e as ausências dessas variáveis simplesmente impossibilita qualquer explicação sobre o Afeganistão atual.

Terceira parte

21 set. 2023

Neste terceiro e último texto da série, observamos o jogo geopolítico dentro da Ásia. Ou seja, como as projeções e disputas de poder intra-asiáticas desenvolvem os conflitos do Sul da Ásia (Hindustão versus Paquistão), da Ásia Central (na tentativa de estabilização por parte da China) e também da potência paquistanesa na plenitude de sua política externa. Afirmamos estas três variáveis sem negar o processo absolutamente autóctone e nativo do Talibã por meio de sua força armada de hegemonia da guerrilha Pashtun. Esta etnia organizada política e religiosamente é a única com verticalidade necessária para em menos de meio século, derrotarem duas superpotências, a extinta União Soviética e os EUA liderando a OTAN.

Comecemos por compreender a importância do Afeganistão para os países islâmicos e como esse território representa um rechaço contra a presença ocidental. Em 1919, a condição de vassalagem foi rompida com o Império Britânico, em um grau de altivez semelhante ao da Turquia com a sua guerra de independência. Não havia projeto de território turco e nem curdo no famigerado acordo Sykes Picot Sazanov e após o de Sèvres, os impérios atlânticos queriam dilacerar o que veio a ser a Turquia. O Irã é outro exemplo de altivez, primeiro na revolução dos Qajars, após com a manobra da inteligência inglesa ao emplacar um coronel cossaco como autoproclamado Shah e por fim, ao derrotar em 1979 o regime golpista do filho do oficial de cavalaria.

É nesse conjunto de referências, com a nefasta presença inglesa e ainda assim uma notável influência britânica na política, que nasce o Paquistão como um projeto de potência islâmica no Sul da Ásia. A derrota do Império Mogul (1526–1857) para a Companhia Britânica das Índias Orientais e a Marinha vitoriana marca o início da ruptura de povos islamizados para com punjabis sikhs, hindus e tâmeis. O Paquistão do século XX traz essa variável estruturante, aquela que no cálculo incide ou determina as demais. A guerra de partilha de 1947 do Punjab e Caxemira (1ª guerra), a segunda guerra da Caxemira (1965), a de 1971, com a perda do Paquistão Oriental, se tornando o Bangladesh, e a guerra de Kargil de 1999, marcam as estruturas burocrático-administrativas do país. Trata-se de um país sério, potência nuclear, aliado estratégico da China e cujo centro decisório, a capital Islamabad, foi inaugurada em 1963 como cidade planejada.

O empenho das forças armadas paquistanesas na guerra de libertação contra a invasão soviética também responde a uma lógica geopolítica asiática. A China era aliada do Paquistão desde antes da primeira Guerra da Caxemira, incluindo intercâmbio de armamentos. A Índia era cliente de armas da União Soviética. No conflito político que se inicia em 1958 e culmina na guerra de fronteiras de 1969, Beijing se posiciona ao lado da resistência mujahideen e da política externa paquistanesa, enquanto Nova Déli se manteve aliada da URSS até sua dissolução. Após a derrota de 1971, a elite militar do Paquistão se preparou para operar em maior escala, e copiou o Império Britânico quando da fundação do HSBC e entrou para o jogo das altas finanças por meio do hoje extinto Bank of Credit and Commerce International (BCCI, 1972–1991). A instituição, que chegou a ser o maior banco privado do mundo, era o braço financeiro também da rede do ISI (Inter-Services Intelligence), a mais poderosa agência paquistanesa cujo cargo de diretor-geral passa pelo primeiro-ministro do país.

Seria um erro considerar que tanto as redes Haqqani como a Yaqoob são satélites, em especial a primeira. Essas subdivisões da força hegemônica pashtun-afegã têm vontade própria e certa autonomia logística. Mas, ao mesmo tempo, estaríamos cometendo uma "trama narrativa" ao negar a participação do ISI no apoio da segunda Guerra do Afeganistão assim como no período anterior ao 1º Emirado (1996–2001), o da guerra civil de todos contra todos. Na subdivisão interna paquistanesa do Território Federal das Áreas Tribais (iniciada em 1947, mas com status ampliado em 1970, até sua extinção em 2018), o idioma pashtun é língua franca e o ISI teve toda a autonomia operacional necessária.

Tampouco podemos afirmar que todas as unidades pashtuns e islamistas são leais a Islamabad, considerando o conflito do Waziristão e sua possível incidência tanto sobre a Caxemira como no apoio estratégico do Turquestão Leste. O interesse da China é evidente, tanto na estabilização do Paquistão como no compromisso do Afeganistão do 2º emirado em não permitir um apoio logístico para os combatentes contra a ocupação de Xinjiang, a província chinesa de origem túrquica e islâmica. Sem levar essa variável em conta, simplesmente não há como explicar a posição asiática de reconhecimento e certo condicionamento do novo governo de Cabul.

A tensão tem esfera regional em conflitos legítimos, embora perigosamente internacionalizados. A Caxemira está sob a ocupação da Índia e é motivo de tensão permanente além da militarização da por parte do governo indiano de Jammu e Kashmir. Na região de Aksai, no território entregue pelo Paquistão e anexo à geleira de Siachen, está a presença da China. Gilgit-Balstistan traz a presença militar paquistanesa. Os três países são dotados de arsenal nuclear e se envolvem em contenciosos de fronteira. Para tornar o cenário ainda mais complexo, China e Afeganistão fazem a fronteira conexa, no Himalaia, e a província de Xinjiang é fronteiriça.

Considerando que a China enviou voluntários e agentes uigures para enfrentar a invasão soviética na primeira Guerra do Afeganistão e que o sentimento autônomo e separatista do Turquestão Leste é permanente, Beijing precisa garantir a segurança na sua fronteira sino-afegã assim como não permitir a evolução de um cenário complexo com Xinjiang, Waziristão e Caxemira sob a influência salafista. É um paradoxo típico nos conflitos reais, as lutas podem ser legítimas, mas os instrumentos empregados nem tanto.

O Paquistão é um país aliado estratégico da China, com acordos securitários e território econômico complementar. Os benefícios advindos da Organização pela Cooperação de Xangai podem ser a saída viável para o Afeganistão, caso o Talibã se comprometa a uma legislação minimamente inclusiva e tolerante (não se tornando um pária internacional) e também proíba a presença de redes e serviços de inteligência filiados ao Daesh e suas ramificações regionais. Essa segunda variável é determinante para o futuro do novo governo de Cabul, sendo a primeira negociável, dentro do cinismo típico do Sistema Internacional.

Infelizmente o conteúdo deste texto, apesar de não se tratar de novidade alguma, é simplesmente oculto no noticiário internacional transmitido no Brasil. Sem entrarmos no jogo de poder da Ásia, é impossível entender o Afeganistão moderno e suas relações exteriores. Trata-se de uma aberração intelectual, tão repugnante como é a prisão ilegal de Guantánamo para o direito internacional. Nenhuma mirada asiática é trazida pelos "analistas" das empresas de mídia. Como se costuma dizer, a primeira vítima de uma guerra, e das coberturas das guerras também, é a verdade dos fatos e o rigor analítico. Esperamos que com esta série aqui concluída, tenhamos contribuído para superar a lacuna da desinformação.

CAZAQUISTÃO E ÁSIA CENTRAL

Um debate sobre geoestratégia no limite da Ásia

26 jan. 2022

A crise no Cazaquistão, datada na primeira quinzena deste ano de 2022, nos alerta para a necessidade do debate conceitual franco e preciso, sem cair em armadilhas de tipo "jogo de torcidas" ou "falsificação das realidades" para enquadrar o discurso válido. Neste texto, aportamos um grão de areia por meio de uma mirada do Oeste da Ásia, pensando de forma franca por e pelo Eixo da Resistência e compreendendo a ilegitimidade dos países ocidentais na região.

O início é conceitual. Os países da massa continental asiática operam cada vez como territórios econômicos autônomos em relação ao Ocidente, especificamente os Estados Unidos. Liderados pela China como superpotência continental e global, passando pelo Irã e sua capacidade de resistir a mais de quarenta anos de sanções — incluindo o desligamento do Sistema SWIFT — e culminando nos territórios de maioria islâmica, árabe ou não, confrontando ameaças ocidentais (como a entidade sionista e o apartheid programado), mas também disputando entre si. No limite do jogo vemos a disputa entre as "Europas", no tabuleiro da luta eurasiática.

Outro debate necessário é o da política doméstica. Infelizmente, nem todo governo anti-imperialista ou defensor da soberania de seu povo e território é virtuoso. Algo semelhante se dá ao revés, pois justas lutas por autodeterminação podem estar de fato contaminadas por suas relações e apoios externos. São temas distintos. Direitos sociais fundamentais e causas de soberania popular são sempre defensáveis para suas populações. Desde que partam da premissa de não se aliarem a projeções de poder imperiais do Ocidente.

O "grande jogo", versão século XXI

O começo é simples. Sempre vai haver uma duplicidade de interpretação quando tivermos uma projeção de poder anglo-saxã contrapondo a presença do Kremlin na massa continental asiática. O Grande Jogo, iniciado ainda no final do século XVIII, contrapunha as projeções de britânicos e russo-bizantinos. Na corrida rumo ao Índico e mar da Arábia, os dois impérios ocidentais davam como favas contadas a incapacidade — total ou parcial — de povos, sistemas políticos e sociedades concretas do Sul da Ásia e o "Grande Oriente Médio" (conceito da métrica londrina que reproduzimos de forma quase imediata) de buscarem suas próprias saídas. A derrota do Império Mogul e a avançada de Nicolau II no Cáspio, assim como a progressão ferroviária do Império Czarista, provaram o que a Marinha de Sua Majestade pilhava e roubava em todos os lugares da Terra.

Não há como debater a disputa atual sem levar em conta essa dimensão histórico-estrutural. Países como o Irã, ainda chamada de Pérsia, e o próprio Afeganistão, evitaram os invasores britânicos e ocidentais, mas na Ásia Central indo até a Costa Pacífico, Moscou e São Petersburgo colocavam à prova a decadência chinesa. Tanto é que a grande entrada do Império do Sol Nascente no século XX foi a Guerra Russo-Japonesa e a derrota avassaladora do czar. A formação da Rússia moderna passa pelo período soviético, a derrota na Guerra Fria e a tenebrosa ascensão das oligarquias nos espaços pós-soviéticos. Em parte, tais oligarcas formaram um bloqueio do sistema político e se confundiram com o próprio aparelho de Estado. Noutras formaram máfias ou, como diz o conceito do capitalismo do século XXI, "nexo político-criminal".

Definitivamente são estes os conceitos-chave que defensores da projeção de poder da OTAN por meio da Ucrânia fazem questão de "esquecer". Algo semelhante ocorre na defesa virtuosa acrítica do exercício de poder por meio de Vladimir Putin e seu gabinete. Na Rússia pós-soviética, nos anos de "governo" Yeltsin, a área core da antiga potência foi sendo dilacerada, até chegar no anel mais próximo dos centros de poder. A retomada do controle dos recursos essenciais, como as empresas Gazprom, Rosneft, LUKoil e Bashneft, foi uma necessidade aplicada como Razão de Estado. Todos os meios necessários foram empregados de modo a controlar oligarcas desleais ao aparelho de segurança e promover grupos amigos do aparelho de segurança.

No limite das definições, os caminhos da soberania da Federação Russa passam pelo controle da população de credo islâmico (como os acordos com as elites dirigentes na Chechênia), na projeção de poder pós-soviético — exemplificado pela intervenção via acordo diplomático da Organização do Tratado de Segurança Coletiva (CSTO) — e na defesa de sua linha defensiva. Está totalmente fora de cogitação para Putin e os demais tomadores de decisão russos, admitir um arsenal nuclear da OTAN na Ucrânia e qualquer ameaça de cerco ao oblast[7] e enclave naval de Kaliningrado, no mar Báltico. Situação semelhante está na Bielorrússia e sua rivalidade com a Polônia. Em termos de política doméstica, o governo Aleksandr Grigorievitch Lukashenko é indefensável. Mas, existe de fato oposição em Belarus que não se comprometa com as redes de terceiro setor alimentadas pela inteligência de países ocidentais?

E por que os "analistas" internacionais não lembram do óbvio? Expondo as origens oligarcas e mafiosas de Ihor Kolomoisky, "padrinho" do presidente ucraniano Volodymyr Zelensky. Ou o passo seguinte, demonstrando o governo do ex-comediante como vertical e aplicando *lawfare* de modo semelhante ao de Putin na sua luta contra as facções de oligarcas apoiadoras dos acordos que dilaceraram a economia russa na década de 1990? Trata-se de não explicar nada e gerar elementos de discurso operando de forma propagandista.

Os passos conceituais conclusivos

Neste artigo defendemos uma posição analítica. As relações do Mundo Islâmico, Sul, Oeste e Leste da Ásia com a Rússia não são tranquilas e menos ainda harmônicas, mas podem ser complementares quando o inimigo comum — EUA,

---

7. "Oblast" são subdivisões administrativas e territoriais ligadas às ex-repúblicas socialistas soviéticas. [N. do E.]

OTAN e aliados ocidentais — se manifesta. Afirmar essa obviedade está anos luz distante do mecanismo de propaganda fornecida por "analistas" a favor do Ocidente, mas também reprodutores de obviedades "torcendo" por Beijing e Moscou.

É praticamente impossível fazer análise do Sistema Internacional sem separar os níveis conceituais ou apenas reproduzindo o cinismo dos realistas e geopolíticos. Não há como pensar o Eixo da Resistência projetando convicções doutrinárias disfarçadas de "teoria".

O conceito de geoestratégia do título evidentemente ultrapassa a massa continental — daí seria geopolítica — e dialoga com a interdependência complexa gerada pela China e sua economia mundo baseada nos tomadores de decisão em Beijing. Reconhecer essa evidência é o primeiro passo. O segundo é admitir que há vontade própria nas regiões da Ásia — como é o caso emblemático do Irã — e a tendência é a integralização dos territórios econômicos, com economia parcial e soberania total ou relativa. O terceiro é saber que em termos de acordo securitário, a Rússia não está blefando e vai defender tanto o seu espaço pós-soviético (como na Ucrânia e Belarus) como o eurasiático (por meio da CSTO). O quarto é entender que os países da OTAN são vistos como invasores, usurpando soberania e gerando o caos nos territórios do continente, tal e qual o Ocidente faz desde o século XVIII e só não vai seguir fazendo se for impedido.

A crise do Cazaquistão como epicentro geopolítico

17 jan. 2022

A crise no Cazaquistão nos apresenta um paradoxo na análise. Por um lado, é impossível desenvolver uma opinião qualificada sem levar em conta os fatores de política doméstica e a disputa intraoligárquica. Tampouco é factível analisar esta crise sem colocar na balança os elementos do cenário complexo regional. Se o sistema político e o aparelho de Estado cazaque estão majoritariamente sob o controle de oligarcas nacionais e tribais, o território econômico implica em posição radicalmente inversa. Neste texto, apresentamos uma abordagem compreensiva buscando a complexidade necessária para uma análise responsável e não ocidentalizada.

A revolta e a reação do governo Tokayev

No dia 02 de janeiro de 2022, protestos explodiram na cidade de Zhanaozen, em função do preço do gás liquefeito (LGP), principal fonte de energia doméstica do país. Apesar de ser um grande produtor de petróleo e derivados, os preços internos e a inflação galopante acentuaram a desigualdade tendo como mola propulsora o custo deste bem de primeira necessidade. Em 06 de janeiro o presidente Kassym-Jomart Tokayev autorizou o emprego de força letal e denominou a operação repressiva como contra-terrorista.

Tropas russas, totalizando um efetivo de mais de 2500 militares, foram requisitadas pelo governo cazaque. Junto às forças policiais e à guarda nacional, "estabilizaram" a situação, coibindo o dano ao patrimônio, cessando a queima de automóveis e a tentativa de interdição no aeroporto de Almaty; ex-capital, centro financeiro e maior cidade do país.

Segundo o ministro do interior do gabinete de Tokayev, Erlan Turgumbayev, o epicentro da rebelião se deu na mais populosa cidade do país. Nesta localidade, mais de 300 policiais e guardas nacionais teriam sido feridos, sendo oito mortos. O total de presos quando da escrita deste texto é da ordem de 5.135 pessoas e 164 cidadãos mortos pelas forças repressivas.

A disputa política também motivou a revolta

Inicialmente motivados pelo preço do combustível (gás liquefeito, LGP), passando pela revolta contra a continuidade dos postos-chave nas mãos de aliados do ex-presidente, a rebelião sofre suspeita de ter sido insuflada por agentes externos. Pela "lógica", operadores da OTAN de forma direta ou indireta teriam se somado às legítimas demandas da população. Um dos passos do governo foi afastar dois elementos de confiança do ex-presidente e até então a pessoa mais poderosa do país, Nursultan Nazarbayev.

Este passara o poder para Tokayev em março de 2019, mas seguia com o importante cargo à frente do Conselho de Segurança da república. A limpa continuou com a prisão de Karim Masimov (acusado de alta traição), por duas vezes primeiro-ministro e ex-chefe da inteligência nacional, o Comitê de Segurança Nacional (KNB), herdeira local da KGB.

As defecções continuaram com a demissão do seu ex-primeiro-ministro Askar Mamin e a nomeação de Alikhan Smailov como provisório. A ideia do governo que assumira em 2019 era satisfazer a população, revendo o aumento do combustível e se afastando da herança política de Nazarbayev.

Uma das teses para a rebelião interna, além do típico conflito distributivo, é somar o problema da desigualdade à questão dos vínculos familiares ou de clãs. Tomando em consideração a tragédia do sistema político sectário do Líbano e a eterna tensão de redes de tipo ergenekon na Turquia, essa possibilidade é perfeitamente plausível. As tradições túrquicas e mongólicas na Ásia Central podem remontar ao sistema de chingisismo, incluindo genealogia e ancestralidade.

Interessante observar que tanto o ex-presidente que criou uma capital com seu nome como o atual pertencem ao todo poderoso Nur Otan, Partido da Terra Mãe (ou Terra Natal), controlando 80% do parlamento e evidentemente os postos-chave no aparelho de Estado. Tokayev também procede da Elder Zhuz, a maior das confederações tribais do país, com laços de lealdades e indicações para controle de recursos e ocupações. Como a Zhuze majoritária domina os recursos de hidrocarbonetos oriundos majoritariamente da costa do mar Cáspio, onde habita a Zhuze (horda nômade) minoritária, a exploração econômica de petróleo e derivados é vista como mais um fator de descontentamento e injustiça de oportunidades.

Nazarbayev propositadamente se confunde e mistura com a lenda fundacional do país, Karasaj Altynay-uly — conhecido como Karasaj Batyr — oriundo da tribo Shaprashty, parte do clã Yeskozha, considerada a primeira linha de defesa da estepe. O mais longevo governante pós-soviético se autodenomina o "líder da nação", e tem nos seus protegidos uma capacidade de mobilização política, econômica e religiosa que de fato, por pouco não levou a uma derrubada do atual governo. As manobras de Samit Abish (ex-diretor do KNB) e de seu irmão, Kayrat Satyboldy — uma mescla de líder empresarial e incentivador de uma estreita visão do Islã — quase resultou em vitória sectária e golpe de Estado.

A dimensão geopolítica e internacional

O Cazaquistão é país membro da Organização do Tratado de Segurança Coletiva (CSTO), estrutura securitária eurasiática liderada pela Rússia e que conta com a presença da Armênia, Bielorússia, Quirguistão e Tadjiquistão. Foi a partir desse tratado formal que o governo em Nursultan (antiga Astana) requisitou e obteve a presença de efetivos militares russos.

A temporalidade da revolta cazaque foi "perfeita" se a meta fosse deixar o Kremlin com dois flancos abertos simultaneamente. A crise na Ucrânia continua com a constante ameaça da OTAN fazer deste país um membro efetivo da aliança liderada pelos EUA. Para o governo de Vladimir Putin, a estrutura do Tratado de Segurança Coletiva opera como uma excelente projeção de poder, garantindo tanto a presença russa em países da antiga União Soviética, como equilibrando o jogo de complementaridade e alguma concorrência com a China.

Podemos trazer como hipótese agravante na dimensão internacional, o papel de difusão do oligarca opositor cazaque — vivendo entre a França e Kiev — Muchtar Ablyazov. O ex-presidente do banco BTA é o epicentro da oposição exterior e certamente incide sobre parte da revolta. Como Ablyzaov se opõe tanto a Nazarbayev como a Tokayev, o operador da fraude de mais de 5 bilhões de dólares e também fundador do partido Escolha Democrática seria mais uma opção alinhada com a OTAN e EUA do que necessariamente uma alternativa de poder real no país.

A complexidade do Cazaquistão

A revolta cazaque durou no máximo dez dias, obteve pronta resposta da CSTO e inaugura uma nova era entre Moscou e Nursultan. O jogo de poder dentro do Cazaquistão está atravessado pela internacionalização de seu território econômico e o papel central que o país das longas estepes tem no arranjo da Organização de Cooperação de Xangai, iniciativa de diplomacia chinesa acompanhando a Nova Rota da Seda e a chamada "diplomacia de infraestrutura ou ferroviária".

É preciso reconhecer o Cazaquistão como pivô da segurança energética da Ásia Central e quiçá de toda a expansão da economia asiática. Outro fato inequívoco é que nenhuma análise unilateral, ocidentalizada ou preconceituosamente orientalista vai dar conta de interpretar as bases desta revolta e das disputas domésticas. O destino do país é fruto de um arranjo múltiplo e delicado, em que incide pressão externa, alianças político-militares rivais, disputa dentro da oligarquia pós-soviética e intertribal, além de causas justas como desenvolvimento e distribuição de renda.

IRÃ E O EIXO DA RESISTÊNCIA

O legado do general Qassem Soleimani

04 jan. 2021

No dia três de janeiro de 2021 completa um ano do martírio do tenente-general Qassem Soleimani (1957–2020), militar iraniano cuja liderança é reconhecida em todo o Grande Oriente Médio.

    O assassinato foi realizado pelas forças armadas dos Estados Unidos, no Iraque, com uso de drones de ataque. Soleimani era responsável pelo comando da Força Expedicionária Al-Quds, unidade de elite e de operações no exterior dos Corpos da Guarda Revolucionária Islâmica Iraniana (IRGC ou Sepâh em farsi). Outra vítima do mesmo atentado terrorista foi Abu Mahdi al-Muhandis (1954–2020), comandante das Forças de Mobilização Popular (PMF da sigla em inglês ou *al-Hashdi ash-Sha'bi* em árabe), a mais importante frente de milícias iraquianas, estabelecida para garantir o recrutamento massivo pluriétnico e inter-religioso.

Um resumo de sua trajetória

Podemos afirmar, sem exagero, que esses dois comandantes são diretamente responsáveis pela derrota militar do Daesh, grupo terrorista salafista-wahhabita que se autodenomina Estado Islâmico do Iraque e do Levante (ISIS). Essa pode ser a mais conhecida vitória, mas não é o único triunfo militar e anti-imperialista de Soleimani. Seu envolvimento em operações de defesa nacional e solidariedade externa no Levante, Península Arábica e Mesopotâmia datavam de três décadas, desde a infame guerra de agressão promovida pelo Iraque de Saddam Hussein e financiada pelo Ocidente (incluindo o abundante e criminoso emprego de armas químicas).

A atuação desse general está diretamente vinculada à soberania libanesa e à resistência palestina, ajudando ambos os povos a combater os invasores israelenses. Sem a ação da Al Quds sob seu comando, a Síria poderia ser dirigida por integristas da Al Nusra e o Iêmen por aliados da Al Qaeda apoiados por Arábia Saudita e Emirados Árabes Unidos. Já o Iraque, além do terror do Daesh, estaria ainda sob a tutela dos EUA, refém de contratos draconianos de petróleo e sem capacidade de retomar sua soberania, nem o destino do enorme território multifacetado.

Trump assumiu o ato criminoso: alegou combater um "terrorista"

Infelizmente, o público nos países ocidentalizados é bombardeado por uma noção absurda da ideia de "terrorismo". Como nos explica com riqueza de detalhes o intelectual palestino Edward Said (1935–2003), as visões "orientalistas" que nos são impostas fazem com que milhões de pessoas

— incluindo boa parte dos árabe-descendentes na diáspora das Américas — tenham uma interpretação caricata e obtusa de "terrorismo". O então presidente Donald Trump declarou abertamente que suas forças assassinaram ao tenente-general, uma autoridade reconhecida no governo do Irã (com assento na Assembleia Geral da ONU) e durante uma estada oficial no Iraque. Logo, o Império admite seu ato terrorista, não se dando o trabalho sequer de operar por meio da chamada *false flag* (escamoteando a origem e a autoria do atentado) ou talvez de modo terceirizado.

A fala de Trump foi de uma "sinceridade" absurda. Justiça seja feita, o ex-proprietário de cassinos e notório especulador imobiliário sempre se portou dessa maneira. No que se refere ao Grande Oriente Médio, o condutor de *reality show* fez seu circo dos horrores desde a primeira viagem à região. Na ocasião, garantiu uma enorme compra de armamentos pela Arábia Saudita e se comprometeu com seu cúmplice Benjamin Netanyahu a transferir a embaixada do Império de Tel Aviv para a Jerusalém ocupada.

O raciocínio é simples, quase que simplório por parte do caricato bufão à frente da Superpotência. Se as vontades do Império apontam para um rumo e um país soberano projeta sua liderança militar no sentido contrário, a máquina de propaganda cruzada não hesita em taxar como "terrorista" ao inimigo, por mais legítimo que ele seja. Como o próprio Soleimani admite em discurso proferido em 2018, após Trump ter ofendido o presidente do Irã, ainda que ocupasse o posto mais poderoso do planeta, Donald tinha uma retórica de gerente de cassino e comportamento aquém da sua posição. Como jogador inveterado e empresário de duvidosa reputação, foi dobrando a aposta até criar tensão no Oriente Médio ainda com consequências imprevisíveis.

Quem são os terroristas?

A dubiedade moral do Império não é exclusividade de Trump, embora o derrotado candidato à reeleição seja um de seus exemplos mais perfeitos. Acusar de "terrorista" um general de carreira que arrisca sua vida por mais de 30 anos consecutivos justamente combatendo forças beligerantes — regulares ou não — que atentam contra alvos não legítimos diante do direito internacional é o cúmulo. É como Israel acusando a sólida liderança do Hamas em Gaza (por sinal, partido eleito no último pleito geral na Palestina Ocupada), que resiste aos bombardeios indiscriminados e ao cerco criminoso. Tal e qual todo e qualquer gabinete de Tel Aviv afirmando que o Hezbollah (partido legítimo e com assentos na coalizão de governo em Beirute) é um partido "terrorista" quando justamente essa força político-militar é diretamente responsável pela expulsão dos invasores do sul do Líbano. Não por acaso os que acusam têm origem em agrupações terroristas (Irgun, Stern, Palmach e também a Haganah na destruição de aldeias inteiras) e são os mesmos criminosos que promoveram limpeza étnica e ocupação ilegal de territórios palestinos, em 1948 e 1967.

A lista seria grande de ofendidos pelo imperialismo. Posso afirmar que por essa "lógica", o general egípcio Gamal Abdel Nasser (1918–1970) seria "terrorista" ao nacionalizar o acesso ao Canal de Suez; ou o presidente da Argélia Houari Boumedienne (1932–1978) deveria portanto manter o petróleo de seu país sob o controle francês! No limite do absurdo, o sultão Salahuddin (1137–1193) seria o "criminoso internacional" ao comandar as forças que libertaram Jerusalém após nove décadas de tirania cruzada, garantindo com seu triunfo o fim da apostasia e a proteção das minorias, como cristãos do oriente e hebreus?! É esse tipo de contrassenso e falsificação da história que tentam impor nas audiências ocidentalizadas, incluindo os quase 16 milhões de descendentes de árabes no Brasil. Todas e todos nós nos acostumamos a ver nossos patrícios serem bombardeados por aviões de caça destruindo o Líbano ou tanques atropelando crianças tanto na 1ª como na 2ª Intifada e, ainda assim, os grupos de mídia chamavam os protetores dessas vítimas como "operadores do terror". É hora de dizer basta de mentiras e de inversões de valores.

Se há uma especialidade reconhecida no mártir Qassem Soleimani é justamente a de montar amplos arcos de alianças, superando o sectarismo intrínseco, e dessa forma, poder tanto combater o terrorismo integrista como os invasores eurocêntricos e anglo-saxões, assim como seus aliados normalizadores do apartheid israelense na região. Considerando o fato dos mesmos aliados dos EUA serem os maiores financiadores do terror salafista, só nos resta concluir que o assassinato do tenente-general iraniano teve como principal motivação suas atividades anti-imperialistas e os intentos cada vez mais frutíferos de diminuir ou expulsar os cruzados do Oriente Médio.

A única conclusão possível

A razão me leva a concluir algo simples. Qualquer pessoa com honestidade intelectual e estudiosa dos países árabes e do mundo islâmico tem de reconhecer o legado desses voluntários sob a responsabilidade do general iraniano. Como militar profissional e intelectual refinado, sempre deu exemplo de conduta em todos os níveis, sendo um bastião em defesa dos oprimidos e da luta anti-imperialista. O legado de Qassem Soleimani é a própria resistência.

Grande Oriente Médio: projetando o imperialismo e a unidade na resistência

28 dez. 2020

Com o fim do ano de 2020 veio também o desafio do período pós-pandemia e a não reeleição de Donald Trump, o presidente do Império decadente dos EUA (ainda com muita presença no Grande Oriente Médio e com força desestabilizadora em países e territórios). Neste texto fazemos algumas projeções com análise crítica. Vamos lá.

Começamos pelo tema da Palestina Ocupada. O primeiro passo concreto para um avanço na luta de libertação é a tão desejada unidade política, rompida em 2007 e que, desde então, fraciona o povo palestino. Essa situação facilita o acionar do apartheid israelense, pois garante pouca relação solidária entre as partes majoritárias (Fatah e Hamas) e polariza o debate tanto na interna das forças políticas como na diáspora palestina.

Do lado do inimigo é visível o racha na sociedade colonial, com evidentes subdivisões étnico-raciais e, dentro disso, uma tragédia para os árabes: a radicalização à direita de parte da população mizrahim (judeus de origem árabe), sendo essa evidência manipulada como discurso legitimador da traição da monarquia marroquina ao "normalizar" relações com Israel. O Estado colonial é uma complexa gama de populações sobrepostas, em que na base da pirâmide estão os cerca de 20% de árabe-palestinos como cidadãos de segunda categoria, sendo vedado o acesso a determinados postos de poder.

Considerando o problema demográfico e a cada vez mais crescente pressão autônoma dos colonos invasores da Cisjordânia, financiados por apoiadores de crime internacional, a política interna israelense é um problema permanente, a não ser sua relação umbilical com Washington. Como já demonstramos antes, ao abordar as lealdades imperialistas de Joe Biden e Kamala Harris, seria absurdo pensar em uma mudança substantiva da política do Império no que diz respeito à ofensiva diplomática israelense e à "normalização" com países membros da Liga Árabe.

Logo, a única saída parece ser uma diplomacia árabe e islâmica mais propositiva e menos hegemônica, reforçando alguns eixos fundamentais e tentando garantir a estabilidade nos países, desde que respeitando os direitos históricos dos povos e territórios. Nesse sentido, as relações diplomáticas e as desejáveis aproximações econômicas em cadeias produtivas de alta complexidade e valor agregado formam uma via de médio prazo que tanto o inimigo invasor como o seu patrocinador imperial jamais aceitarão de forma tranquila. Países como Argélia, Catar, Turquia e Irã poderiam pactuar acordos de fôlego, marcando uma agenda comum e buscando garantir graus crescentes de democracia política com apoio às causas urgentes da região.

Para diminuir os riscos da desestabilização seria desejável um conjunto de saídas negociadas para os seguintes cenários conflituosos, em que as potências regionais tendem a projetar poder rival entre si:

• no Cáucaso, com trégua permanente e negociações mais frutíferas para o delicado tema do conflito entre Armênia e Azerbaijão pelo enclave de Nagorno-Karabakh;

• na presença cada vez maior da China como parceira econômica de vários países árabes e muçulmanos, sem abrir mão das reivindicações históricas e legítimas da população uigur no Turquestão Leste;

• na Líbia, tentando estabelecer um co-governo viável, não permitindo o fracionamento cada vez mais ampliado em territórios praticamente semi-autônomos;

• na Síria, cujo governo de Damasco, na prática, retoma o controle sobre a maior parte de sua mancha territorial, derrota os salafistas e pode estabelecer um novo pacto constitucional, garantindo direitos fundamentais que incluam a parcela da Federação Democrática do Norte da Síria.

Citei os quatro conflitos porque todos esses cenários complexos incluem disputas diretas ou indiretas (*proxy wars*) entre as potências regionais (árabes ou islâmicas) e que concordam no apoio da libertação da Palestina. Ou se supera a tentação do realismo regional, ou jamais teremos a unidade evocada por Salahuddin para derrotar os criminosos cruzados invasores do Levante e da Palestina.

Nesse sentido é central que a correta luta anti-imperialista e o eixo da resistência não venham a hipotecar ou impossibilitem a efervescente sociedade civil libanesa, tentando romper com o sistema sectário instaurado após o Acordo de Taif, em setembro de 1989. Já não é tão ruim ter o Líbano sem guerra fratricida, mas seria mais frutífero superar a pressão externa e garantir mecanismos políticos e econômicos que não passassem pelas mesmas chefias de clãs a determinar os rumos do país.

Ressalto também a importância de o Líbano ter uma vigorosa reforma no seu sistema financeiro, a começar pelo papel dos bancos privados e a "quebra" do Banque du Liban (Banco Central da terra dos cedros) e, para isso, a pior saída é sempre se jogar nas garras do FMI — como vem sendo anunciado. Outra presença externa perigosa é a pretensão imperial da França, com o presidente banqueiro Emmanuel Macron se apresentando como uma falsa saída onde nem sequer deveria ter influência. Na última vez que isso ocorreu com vigor, com ocupação ostensiva de tropas imperiais cruzadas francesas e estadunidenses, tudo terminou de forma irredutível em outubro de 1983. Apenas a arrogância imperialista de quem invadiu quase todo o Magrebe a partir do início do século XIX poderia tentar repetir momentos tão dramáticos.

Os cenários e projeções narradas anteriormente partem do seguinte pressuposto. Não é admissível que países árabes ou islâmicos aceitem "normalizar" relações com os invasores da Palestina e assim deixem de lado o "dever de proteção aos oprimidos como forma mais digna de luta justa". As capacidades de pressão do Estado colonial e seu patrocinador imperialista são várias, logo, é importante ter margem de negociação entre os pares, bem como com potências cada vez mais presentes no Grande Oriente Médio (Rússia e China) e importantes países emergentes (como Brasil, México, Indonésia, Malásia, Venezuela, Argentina, África do Sul, Paquistão e Índia, dentre outros).

Definitivamente, uma liderança palestina democraticamente eleita para todos os postos de poder e institucionalmente unificada é condição fundamental para romper o cerco do Apartheid israelense. A probabilidade de mais traições vindas de regimes despóticos (monarquias absolutistas), Estados sempre suspeitos por seu comportamento pendular (como o Sudão) ou países com vocação de auxiliares do imperialismo (a exemplo do Marrocos e sua invasão da República Saharaui) sempre crescem em cenários de incertezas entre pares e aliados. Tudo o que puder ser feito no sentido inverso vem a favor da libertação da Palestina e da estabilidade em países e territórios do Grande Oriente Médio e do Mundo Islâmico em geral.

Em 2021, os direitos do povo palestino seguem sendo o maior divisor de águas em toda a região, e como tal devem balizar alianças, distanciamentos, proximidades e condições rivais. Temos de tentar ajudar os estrategistas médios a verem para além do realismo regional, focando nas metas concretas de unidade e libertação de Gaza e Cisjordânia, além do direito ao retorno. Assim faremos uma contribuição concreta para que as ruas árabes e de países vizinhos possam garantir o apoio popular incondicional da libertação dos oprimidos.

O assassinato do Dr. Mohsen e o cinismo dos criminosos internacionais

07 dez. 2020

Mohsen Fakhrizadeh era o principal cientista nuclear iraniano, ao menos sob o conhecimento das agências de segurança e inteligência dos países imperialistas ocidentais, e foi martirizado em 27 de novembro de 2020. Até o momento de conclusão deste artigo, nenhum Estado assumiu a autoria do atentado e, caso o fizesse, seria o reconhecimento de um crime internacional, uma autêntica declaração de guerra ao Irã e seus aliados no Grande Oriente Médio.

"Coincidentemente", o presidente não reeleito dos EUA, o republicano Donald Trump, anunciou alguma escala de agressões contra Teerã, ainda no final de seu mandato. Não bastasse a 5ª Frota estacionada no Bahrain, com a ameaça ao Estreito de Ormuz (o que poderia levar o planeta a mais uma crise do petróleo), o Império estadunidense tornou pública a presença de um bombardeio B52 escoltado por pelo menos seis jatos de combate, como ato de presença ostensiva.

Antes do assassinato e martírio do Dr. Fakhrizadeh, o premiê de Israel, Benjamin Netanyahu, disse em conferência de imprensa dia 30 de abril de 2018, em Tel Aviv: "Lembrem-se deste nome". No projetor, uma foto do cientista mais novo, talvez o único registro que o Mossad ou a cooperação com agências dos EUA tivesse até então conseguido. Logo após o atentado começou a circular mais informações sobre a vítima. Fakhrizadeh teria nascido em 1958, na cidade sagrada xiita de Qom, foi vice-ministro da Defesa e brigadeiro-geral da Guarda Revolucionária, fez doutorado em engenharia nuclear e lecionou na Universidade Imam Hussein, do Irã.

O Dr. Mohsen não foi o primeiro alvo desse tipo de ação terrorista. Entre 2010 e 2012, cinco cientistas iranianos, todos do programa de desenvolvimento de energia nuclear, foram alvos de atentados. Dariush Rezaeinejad, também foi assassinado pelo mesmo método, em 23 de julho de 2011. Em 11 de janeiro de 2012, o então jovem professor Mostafa Ahmadi Roshan e seu motorista foram martirizados. O atentado de 2012 foi no mesmo período do segundo aniversário do martírio do professor universitário e cientista nuclear iraniano, Massoud Ali Mohammadi, que também foi assassinado em um ataque terrorista à bomba em Teerã, em janeiro de 2010.

Também em 2010 houve outro atentado, tendo como alvos a Fereidoun Abbassi Davani — que veio a se tornar diretor da Organização Iraniana de Energia Atômica — e seu colega Majid Shahriari. Davani sobreviveu, mas Shahriari faleceu, sendo martirizado. O *modus operandi* de todos estes atentados é praticamente o mesmo, sendo que o de 2020 foi ainda mais sofisticado. A operação total poderia ter incluído sessenta e duas pessoas em solo iraniano em todos os momentos do crime. Além da explosão de um carro bomba, os tiros que feriram de morte a Fakhrizadeh, também atingindo seu veículo blindado e a escolta, teriam sido disparados de uma metralhadora de combate acionada por sinal eletrônico.

Se fôssemos listar o número de físicos, engenheiros e químicos de países árabes assassinados sob as circunstâncias mais que suspeitas, esses mártires cientistas se somariam aos mártires persas e a um conjunto de pesquisadores de países islâmicos. Podemos exemplificar com o martírio do engenheiro aeroespacial tunisiano Mohammed al-Zawari, após ser assassinado pelo Mossad em dezembro de 2016, na cidade de Sfaz, sudeste da Tunísia. Em abril de 2018, o engenheiro palestino Fadi al-Batsh foi assassinado na Malásia, também pela agência de espionagem israelense Em agosto de 2018, o engenheiro e físico sírio Aziz Asbar foi assassinado e até o *New York Times* apontou Israel como autor do crime.

Se formos retroceder ainda mais no tempo, a lista é enorme: Samir Naguib (egípcio, 1967), Yahya al-Mashad (egípcio, 1980), Rammal Hassan Rammal (libanês), Gamal Hemdan (egípcio, 1993), Ibrahim al-Dhaheri (iraquiano, 2004). Como demonstrado, o número de cientistas martirizados ao serem assassinados pelo Mossad é grande.

Outro crime supostamente cometido por Israel em conjunto com os EUA seria o assassinato do tenente-coronel da Força Aérea Brasileira, José Alberto Albano do Amarante, em agosto de 1981. Amarante também era engenheiro formado pelo Instituto Tecnológico da Aeronáutica (ITA) e responsável pelo desenvolvimento do programa nuclear brasileiro, à época em parceria com o Iraque. O padrão aqui seria ainda mais sofisticado, sendo o engenheiro atingido por uma leucemia advinda de envenenamento. Os inúteis da ditadura militar brasileira identificaram o agente do Mossad Samuel Gilliad, mas, "misteriosamente", o espião de Tel Aviv conseguiu fugir do país. Uma estranha "coincidência" se dá no fato do estado de São Paulo, onde Amarante residia (na cidade de São José dos Campos), ser governado na época por Paulo Salim Maluf, brasileiro de origem libanesa (de família melquita) e tristemente conhecido na colônia por apoiar as Forças Libanesas (em especial a Kataeb) na guerra civil do Líbano.

Nenhuma potência tenta intervir no arsenal nuclear israelense

Em tese, toda a preocupação do Estado Colonial que promove apartheid contra a população palestina é precaver-se de que potenciais adversários desenvolvam tanto armas nucleares como mísseis balísticos de longo alcance. A prerrogativa de deter armas de destruição em massa no Oriente Médio seria apenas de Israel, por meio de uma cínica cumplicidade das potências ocidentais. Como é de amplo conhecimento, em outubro de 1973, a então premiê Golda Meir ameaçou um devastador ataque nuclear contra o Cairo e Damasco. Ou seja, desde a década de 1970 é certo que Israel detém armas nucleares.

Nove países, atualmente, são detentores de arsenais nucleares: EUA, Rússia, China, Índia, Paquistão, França, Reino Unido, Coreia do Norte e Israel. Sinceramente, não me recordo de ameaças por parte de nenhum país em retalhar, promover bloqueio ou a presença ostensiva da Agência Internacional de Energia Atômica nas dependências de alta segurança em Israel. Em março de 2015, em pleno esforço diplomático para um acordo nuclear com o Irã, o general Collin Powell, afro-americano do Partido Republicano que alcançou os mais altos postos de comando nas forças armadas e na hierarquia do governo do Império, comentou em um email privado que estimava ser da ordem de 200 mísseis o arsenal nuclear israelense. Outras estimativas também estadunidenses supõem em 300 mísseis (incluindo de lançamento submarino) o total sob o controle de Tel Aviv.

O cinismo dos criminosos

No jogo do cinismo no Sistema Internacional, o intelectual judeu estadunidense e antissionista Noam Chomsky nos explica que os poderes de fato pressupõem a existência de uma "estratégia de propaganda e agenda", em que haveria "ideias pensáveis" e outras nem tanto. Logo, por razões inconfessáveis de interesses imperialistas e motivações absurdas e milenaristas, o Estado Colonial do Apartheid de Israel teria o direito de fazer o que bem entendesse, desde que mantivesse a aliança com os EUA, em especial com o núcleo mais duro de sua oligarquia e da cadeia de comando no complexo industrial-tecnológico-militar.

Enquanto isso, os países árabes e islâmicos solidários à Causa Palestina terão de se esforçar cada vez mais em seu desenvolvimento científico, a começar protegendo a vida das equipes de pesquisa mais avançadas. Esperamos que o martírio do Dr. Mohsen Fakhrizadeh não fique impune e que deixemos de enterrar nossos cientistas. A única certeza no apoio da libertação da Palestina é que não há como recuar e nem sequer ter medo. Sigamos em luta.

TURQUIA

A vitória de Erdogan e seus impactos

29 maio 2023

No pleito finalizado domingo, 28 de maio de 2023, o presidente e ex-premiê da Turquia Recep Tayyip Erdogan foi reeleito em um segundo turno muito apertado. O mais poderoso político turco após Kamal Ataturk (o herói de Galípolo e pai fundador do país), lidera o AKP (Partido da Justiça e do Desenvolvimento) e se mantém em Ankara e não permite a retomada da coalizão liderada pelo kemalismo civil. O candidato derrotado, Kemal Kilicdaroglu, à frente do CHP (Partido Republicano do Povo, a legenda secular da elite de Istambul), comanda a Aliança Nacional, uma frente com outras seis legendas, incluindo um racha do AKP.

O discurso do derrotado passava pelo elogio e defesa dos hábitos da cultura moderna turca, buscava os votos mais nacionalistas (incluindo os mais extremados), mas não alcançou este objetivo. O terceiro colocado no primeiro turno, Sinan Ogan à frente da Aliança Ancestral (ATA), compunha — em primeiro turno — basicamente o mesmo espectro da direita coligada com Erdogan. A diferença seria sua propensão a recuperar o parlamentarismo. No segundo turno, Ogan e as lideranças políticas com ele alinhadas, fecharam apoio ao candidato da Aliança do Povo (Erdogan), garantindo assim uma folga maior no segundo. Entre 14 de maio e 28 de maio, o atual presidente ampliou em 3 milhões de votos a diferença e, das 600 vagas no parlamento, a coligação governista atingiu 323 cadeiras, sem necessitar de outros apoios para governar com maioria.

As alianças minoritárias foram fundamentais para a oposição em 2023

Nas eleições de 7 de junho de 2015, o Partido Democrático do Povo (HDP), a frente eleitoral vinculada à esquerda curda, ultrapassou a cláusula de barreira de 10% (fez 13,12% dos votos) e poderia formar a composição de governo pela primeira vez na história. O gabinete de Erdogan, composto pela maioria (e hegemonia do AKP) junto da extrema direita do Partido da Ação Nacionalista (MHP, herdeira direta das Juntas Militares golpistas e do seu braço paramilitar, Lobos Cinzentos), conseguiu mudar as regras do sistema político. Destituiu o parlamento, prendeu opositores seculares à esquerda e convocou novo pleito para novembro daquele ano. O país passou a ser presidencialista — de facto e na regra — e a intensidade do nível repressivo nas "regiões administrativas especiais" de maioria curda aumentou muito.

Desde então, o HDP amplia seu leque de alianças e se aproxima do CHP, mesmo com a elite kemalista negando a possibilidade da existência de um Curdistão federativo dentro do Estado nacional turco. Nas eleições de novembro de 2015 o HDP fez 10,76% e em 24 de junho de 2018, alcançou 11,70%. Apesar do decréscimo eleitoral, a projeção não era ruim, em função de alianças improváveis no pleito municipal de 2019.

Há quatro anos atrás, nas eleições metropolitanas e distritos municipais, a coligação civil kemalista ganhou em Istambul e em Ankara (capital). Assim, criou as condições para ameaçar realmente a permanência de Erdogan à frente do Estado controlador do segundo maior contingente militar da Organização do Tratado do Atlântico Norte (OTAN, o guarda-chuva de países aliados dos EUA).

Ekrem İmamoğlu, o prefeito de Istambul vitorioso em março de 2019, tardou muito a chegar a ocupar o posto, porque o pleito foi contestado por semanas por meio da Suprema Corte. Desde a metade de dezembro de 2022, um dos políticos mais importantes do país foi condenado pela Justiça — a acusação é de ofensa contra magistrados da corte — e banido das eleições gerais deste ano. Ekrem estava cotado para ser candidato a vice do derrotado líder político da CHP.

Na corrida eleitoral das proporcionais — para o parlamento — a Aliança por Trabalho e Liberdade (o mais amplo guarda-chuva de maioria curda) fez 11% das cadeiras do parlamento, sendo que a lista conjunta da Esquerda Verde (YSP e HDP) atingiu 8% desse total.

Em 2019, a soma dos votos da esquerda, da juventude urbana e das elites civis seculares levou à vitória do CHP nas maiores metrópoles (Istambul, Ankara e Izmir) e todo o Curdistão. Ainda assim, não foi suficiente para atingir a maioria entre os 66,4 milhões de eleitores e eleitoras aptos na Turquia e na diáspora.

A cobertura majoritária das eleições na mídia ocidental

É muito complicado cobrir eleições à distância, sem entender nada ou quase nada do contexto político do país e menos ainda relacionar o cenário doméstico com o externo. Após a reviravolta de 2015 e a derrota da tentativa de golpe de Estado por parte do movimento gulemista em julho de 2016, a política turca entrou em uma espiral de três dimensões. Uma, a nacional — ou de fronteiras geopolíticas ao menos — traz um governo Erdogan muito agressivo, impondo uma área de território tampão, violando a soberania da Síria e dominando parte dos cantões de maioria curda na fronteira dos dois países.

Simultaneamente, o líder do AKP modifica sua relação com o Estado sionista, e mesmo sem romper completamente, eleva a tensão com o aparelho militar do Apartheid Colonial e expande sua presença em todo o Oriente Médio. Isso implica uma aliança estratégica com o ascendente Catar e uma relação de melhor convivência com o Irã.

No cenário europeu, não sai da OTAN mas se torna um problema para a aliança ocidental. Com o conflito russo-ucraniano, a situação muda radicalmente, cabendo à Marinha turca a tutela e vigilância do estreito contínuo de Bósforo e Dardanelos, além do exercício de dominância naval no mar Egeu. Erdogan se pôs como intermediário de primeira grandeza, incidindo nos preços mundiais de fertilizantes russos e grãos ucranianos (a começar pela precificação global de trigo e milho).

Por fim, a política econômica de Erdogan, tentando manter a soberania da lira turca e dificultando a participação do chamado *hot money* — os fundos de aplicação financeira — atraiu para o país uma série de ataques especulativos além da pressão inflacionária. E pensar que em 2002 o recém-empossado primeiro ministro demandava para a União Europeia o ingresso completo, incluindo a moeda única e corrente! Ambas requisições foram negadas.

Quase todos os níveis de análise anteriormente descritos não foram narrados nas reportagens circulando na mídia brasileira e mesmo em emissoras de língua inglesa. Menos ainda o compromisso de Kilicdaroglu de permanecer na OTAN e ampliar a presença de fundos especulativos na composição da dívida pública turca.

Dois pontos críticos no cenário internacional

Recep Tayyip Erdogan tem plenas condições de tomar duas decisões polêmicas e urgentes. A primeira é romper relações com o Estado sionista, elevando a temperatura e pressão da Ummah sunita contra os invasores europeus na Palestina Ocupada. Em consequência, a saída da OTAN seria inevitável, ampliando a dimensão multilateral de sua política externa.

No plano doméstico, os aliados de Erdogan herdeiros das Juntas (e redes ergenekon) não sustentam essa posição, mas após mais uma vitória, isso seria perfeitamente possível. Resta o desafio de gerar uma convivência viável com os mais de 4 milhões de refugiados sírios e com os territórios do Curdistão, algo que também é pouco crível.

Não cabe uma análise acrítica e menos ainda subestimada. Hoje a Turquia e Erdogan estão no centro da política eurasiática e por consequência, de todo o Sistema Internacional. Negar esse fato seria como trocar a realidade por disputa "narrativa".

O "novo" equilíbrio do poder está na Eurásia e longe do G7

01 fev. 2023

O conceito de equilíbrio estratégico é quando um ou mais agentes têm um conjunto de forças equivalentes, "equilibrando" a convivência assim como a potencial animosidade de uns com os outros. Como se aprende ao analisar situações reais, não existe "ação estratégica" porque em um sistema complexo o unilateralismo é quase inexistente. A realidade impõe a "interação" estratégica, em que o movimento de um implica na resposta de outro e em efeitos indiretos em terceiros e quartos.

No Sistema Internacional, o desenho mencionado é quase um espelho da realidade. Equilibrar significa ter forças equivalentes e conseguir exercer projeções de excedentes de poder. Não se trata somente de capacidades de segurança e defesa, mas também de complexidade econômica, segurança alimentar e energética, marinha mercante, moeda soberana e uma sólida praça financeira.

O jogo de equilíbrio na Eurásia, no encontro do extremo do continente europeu com o Oeste da Ásia tem na Rússia, Turquia e Irã as principais posições e projeções de poder duro (*hard power* no jargão do anglicismo). Com especial influência no comércio mundial de *commoditites* essenciais, o poder destes países está também na presença naval no Golfo Pérsico; mar Negro; mar Cáspio (esse um *mare nostrum* russo-persa); estreitos de Bósforo e Dardanelos assim como o mar Egeu (o oeste do Mediterrâneo). Junto do mar Vermelho e do Canal de Suez, praticamente implica todo o circuito de mercadorias em escala industrial do Grande Oriente Médio e em seus arredores. O único senão fica na saída do Mediterrâneo, com o Estreito de Gibraltar, enclave britânico e sua contrapartida espanhola ainda com possessão no solo marroquino.

Reunião tripartite

O processo de Astana (homônimo da anterior denominação da capital do Cazaquistão) implica uma reunião tripartite entre Rússia, Turquia e Irã, em 19 e 20 de julho de 2022. Em princípio, essas rodadas se dedicam a saídas para a guerra na Síria. Em 2022, o conflito russo-ucraniano orientou o encontro para outro nível de aproximações. Esta última reunião foi adiante em Teerã no dia 19 de julho e vem criando um frisson em toda massa continental Eurasiática.

Um dos efeitos diretos do encontro está narrado a seguir, no centro de coordenação estratégica em Istambul, permitindo a navegação de embarcações ucranianas e desafogando o comércio mundial de alimentos. Outro efeito direto é operar como resposta imediata da viagem do presidente estadunidense Joe Biden para o Estado do Apartheid Colonial e monarquias do Golfo. O encontro calou fundo também nos EUA, tanto que o jornal *New York Times* publica um artigo tentando se aproximar da política externa comandada por Erdogan (e inimiga ou adversária de russos e iranianos na Síria) e também ressaltando a evidente política do consentimento tácito com o sionismo (da Rússia) e as tensões com o Irã diante do provável desenvolvimento da energia nuclear em todos os níveis.

O novo centro de coordenação estratégica da ONU

Na 4ª feira, dia 27 de julho de 2023, a ONU estabeleceu um centro de coordenação em Istambul, onde Ucrânia e Rússia atendem para manter o primeiro acordo significativo após o início da guerra entre os dois países. Uma semana antes, um tratado especial foi assinado, dando garantias de navegação no mar Negro e através do Estreito de Bósforo.

Os portos ucranianos de Odessa, Chernomorsk e Yuzhny vão poder liberar a carga de grãos estocados nos silos de armazenagem na zona de retro-portuária. O conflito, iniciado há seis meses, estancou o comércio de *commodities* agrícolas de origem ucraniana, com especial ênfase para milho e trigo. Nesses dois produtos, a Ucrânia representa um importante fornecedor em escala mundo. A idéia da ONU é desafogar a produção ucraniana por meio da frota mercante do país, operando por um corredor de navegação no mar Negro e utilizando pilotos e práticos nacionais.

Se o fluxo de navios for mantido, a frota mercante sob bandeira ucraniana vai poder escoar a produção estocada em quatro meses. O efeito imediato é diminuir a pressão inflacionária no comércio mundial, sofrendo pressão de alta tanto pela guerra como pelo congestionamento naval no mar do Sul da China e na costa noroeste desse país. Pelo visto, o alto comissariado da ONU desistiu de fazer apelos inócuos para as potências ocidentais e optou por sua própria versão da *real politik*. O pragmatismo das Nações Unidas nos leva a algumas conclusões.

Considerando o desenho estratégico, nos damos conta de três constatações:

• o litoral e o mar territorial da Ucrânia não têm mais a soberania naval assegurada, implicando na autorização da marinha russa para a navegação;

• a partir do segundo semestre de 2022, o Mar de Azov é uma área contígua da Criméia e está diretamente controlada pela frota do Kremlin;

• a ONU não contou com o núcleo central da OTAN para articular o acordo e sim com a marinha neo-otomana que controla os estreitos. Logo, esse acordo saiu apesar dos países líderes do acordo Atlântico.

BRICS e D-8: o mundo já não cabe sob o guarda-chuva do G7

A outra percepção é que dois foros permanentes de coordenação estão ganhando cada vez mais relevância. O primeiro está representado na sigla empregada por um então executivo da sempre suspeita Goldman Sachs — talvez a maior responsável pela farsa com nome de crise em 2007 e 2008. O pedido de ingresso de outros dois países, além do círculo ampliado, representa uma guinada no rumo da Eurásia.

Irã, assim como a Argentina, pediu ingresso nos BRICS; o que implica agregar-se ao guarda-chuva de encontro entre países que já representam mais de 40% da população global e mais de 30% do PIB mundial. Com a soma desses dois Estados, o agrupamento receberia um país que pode alimentar a mais de 600 milhões de pessoas e outro que é uma potência petroquímica, tecnológica, de engenharia complexa e sistemas de defesa.

Outra aliança importantíssima é a Organização para a Cooperação Econômica, ou o Desenvolvimento dos Oito países de maioria islâmica (D8). Nesse foro iniciado em 1997 estão Nigéria, Turquia, Irã, Egito, Malásia, Bangladesh, Indonésia e Paquistão. Dessa forma, além dos Estados da Ásia Central (a exemplo do Cazaquistão) e alguns relevantes países árabes (como Argélia), estamos diante de um importante espaço de coordenação evidentemente liderado por potências médias como Irã e Turquia. A envergadura do D8 e suas potencialidades econômicas merecem um ou mais artigos específicos.

Apenas constatar a dimensão dessa capacidade em termos financeiros é um vislumbre do que vem por aí. Em um mundo onde o G7 obedece como nunca aos EUA, estar diante do comércio entre países produtores de petróleo e petroquímica é muito interessante. Se apontarem para uma mudança no índice especulativo, como a aberração que é cotar o óleo cru nigeriano (o *Bonny Light*) no Brent europeu, o poder financeiro pode realmente mudar de controladores. Um sistema baseado em finanças islâmicas e longe do fator dólar certamente ajudaria a "desequilibrar" o poder mundial para longe da OTAN.

O G7 não incidiu sobre o escoamento dos grãos da Ucrânia, mas sim sobre as sanções que geraram mais inflação no mundo pós-pandemia. A saída pelo mar Negro sem a escolta da 6ª frota dos EUA é um sinal evidente por cima do tabuleiro, revelando a profundidade da mudança que estamos vivendo.

A diversificação latino-americana da política externa da Turquia

31 maio 2022

Turquia e Colômbia são países que nos últimos vinte anos estão no centro das atenções regionais, muitas vezes por razões nada positivas. Se este analista fosse escrever um texto normativo, de opinião e posição política, seria bastante duro com as políticas domésticas e as relações exteriores dos dois Estados. Motivos não faltam: paramilitarismo e sujeição a Washington da parte colombiana. Do lado turco, uma relação múltipla e sempre dúbia entre a OTAN e Mundo Árabe e Islâmico, acentuada com a tríplice mirada na Era Erdogan: pan-sunismo, neo-otomanismo e centralidade túrquica.

Seria fora de propósito listar aqui os pontos críticos (como o reconhecimento de Ankara a entidade do apartheid sionista), e não é esse o objetivo do artigo. Desenvolvo análise de política internacional, pensando na inserção dos países para além dos respectivos e criticáveis governos. Vejamos.

Em 20 de maio de 2022, o presidente da Colômbia Iván Duque esteve em reunião com o chefe de Estado da Turquia, Recep Tayyep Erdogan. Em abril, o chanceler turco esteve em Bogotá, reunindo-se também com a chancelaria colombiana. A meta é estreitar as relações e o comércio bilateral entre ambos os países. Como veremos ao longo deste artigo, seria apenas mais um exercício de análise de política externa de um poder médio com um país hegemonizado pelos EUA, mas é "um pouco mais complexo".

Duque afirmou:

> Acabamos de dar um passo transcendental: elevar a nossa relação bilateral ao nível de relação estratégica. É um gesto que você e o seu Governo têm com a Colômbia e que coloca o nosso país nos mesmos parâmetros históricos de relacionamento que a Turquia mantém com países como o Brasil e México. Como objetivos claros e concretos desta decisão, o dirigente colombiano enumerou: primeiro, duplicar, triplicar e quadruplicar o comércio bilateral na próxima década, começando o mais depressa possível, começando já.

O mandatário colombiano também declarou, agradecendo a Erdogan:

> Estou muito grato por sua decisão de conceder à Colômbia o Status de Aliado Estratégico da Turquia, modelo usado apenas na América com Brasil e México; isso coloca a Colômbia em uma nova posição. Agora temos uma balança comercial de quase US$ 600 milhões, então é hora de chegar a soluções concretas que beneficiem ambos os países.
>
> É preciso fazer todo o possível para estabelecer um caminho para construir mecanismos de diálogo e cooperação. Mas é o setor privado que torna realidade a implementação de políticas em termos de comércio e investimento. A Turquia é uma potência na construção de estradas, na operação de concessões, na criação de conteúdos e em tecnologias modernas.

O controverso e uribista Iván Duque aponta temas relevantes. A economia turca é moderna, diversificada, conta com uma praça financeira própria e um hub de comércio internacional relevante. Já a economia colombiana é muito dependente do mercado externo, mantém o perfil pós-colonial mineral exportador e sofre com desindustrialização ampliada. Estas características se encontram em toda a América Latina, incluindo os maiores países, Brasil e México. O governo da Casa de Nariño sabe que relações com Ankara podem ter um caminho aberto, até pelas condenáveis posições pró-OTAN tanto de Ankara como Bogotá.

As três linhas da política externa turca: neo-otomanismo, pan-sunismo e pan-túrquica

A política externa da Turquia é marcada por alianças com países de maioria islâmica e múltiplas abrangências: Mundo Árabe, Continente Africano e Ásia Central. A região denominada pelos cruzados de "grande Oriente Médio" é a prioridade do país de Mustafá Kemal Ataturk, mas não de forma exclusiva.

Na Ásia Central e no Cáucaso, as relações pan-túrquicas são marcadas pela Türk Devletleri Teşkilatı, a Organização de Estados Túrquicos, com relações e pertencimentos que superam até a lealdade religiosa. Esse é o caso do Azerbaijão, de maioria xiita (85%), mas aliado estratégico da Turquia. Ainda formam parte da união, além do país azeri e de Ataturk, o Cazaquistão, Uzbequistão, Quirguistão, são observadores o Turcomenistão e a surpreendente Hungria, em função do mito fundacional magyar.

A Turquia se faz presente em países africanos, desde a intervenção militar na Líbia, até investimentos crescentes na Somália, Etiópia e Eritreia. Sendo o país herdeiro da última Ummah, amplia seus laços com as maiorias sunitas em territórios carentes de infraestrutura e formação bruta de capital fixo.

Além desses dois fatores, pan-túrquicos e pan-sunitas, os herdeiros de Mehmet II projetam poder em escala neo-otomana. A presença na OTAN é herdeira do pós-2ª Guerra, mas faz da Marinha Turca interveniente nos estreitos e no mar Negro; a abrangência do Millî İstihbarat Teşkilatı (MİT, a Organização Nacional de Inteligência) é ampla e perceptível; em termos de capacidade de emprego militar, conta com o segundo maior contingente da "aliança" comandada pelo imperialismo anglo-saxão. A ocupação militar do norte da Síria reflete esse emprego.

A complexidade da economia turca é um trunfo na política externa ampliada

Nenhum dos fatores listados anteriormente terão peso na ampliação da presença turca na América Latina. São econômicos e financeiros os pontos de conexão com os países do Continente assolado pelo Comando Sul dos EUA e a projeção de poder no México, Caribe e Antilhas, América Central e do Sul. A Turquia ocupa a posição de número 40 do ranking de complexidade econômica, decrescendo duas posições no intervalo de 2014 a 2019.

A balança externa turca é composta de Veículos: US$ 25 bilhões (11,1% do total exportado); Máquinas, incluindo computadores: US$ 20,8 bilhões (9,2%); Ferro, aço: US$

17,1 bilhões (7,6%); Máquinas e equipamentos elétricos: US$ 12 bilhões (5,3%); Gemas, metais preciosos: US$ 11 bilhões (4,9%); Roupas e acessórios de malha ou crochê: US$ 10,8 bilhões (4,8%); Plásticos, artigos de plástico: US$ 10 bilhões (4,4%); Obras de ferro ou aço: US$ 8,8 bilhões (3,9%); Combustíveis minerais, incluindo petróleo: US$ 8,5 bilhões (3,8%); Roupas, acessórios (exceto tricô ou crochê): US$ 7,5 bilhões (3,3%).

Já a capacidade de carga da frota mercante turca é ocupada por pouco mais de 58% de sua produção, provendo assim potencialidade de trocas, na otimização logística de exportar e importar com o mesmo navio. A praça financeira da Turquia é pujante, embora com desvalorizações da lira turca, não está sob o controle da zona euro e necessita fortalecer sua moeda com uma internacionalização ampliada de suas cadeias econômicas.

Em dezembro de 2020, os dez maiores bancos turcos tinham um total de ativos sob seu controle da ordem de USD 666,49 bilhões de dólares. Logo, trata-se de um país com ampla capacidade de financiamento de suas operações comerciais e projetos comuns, o que permite a internacionalização de suas empresas e centralizar na praça financeira de Istambul a interdependência gerada por sua política externa. Ou seja, a Turquia pode ter presença em mercados regionais e ultrapassar a condição de poder médio regional. Dois outros países do Oriente Médio têm o mesmo potencial: Egito e Irã. O primeiro é tutelado por militares pró-Israel e o Estado persa, é onerado uma despesa muito elevada com o necessário Eixo da Resistência, além de sofrer sanções absurdas como ser excluído do Sistema SWIFT.

O governo Erdogan pode se aproximar sem maiores entraves de controversos presidentes latino-americanos, como o salvadorenho Nayib Bukele e o colombiano Iván Duque, com mais de 70% de rejeição a poucos meses de deixar o cargo. A meta é ultrapassar relações transitórias e criar política externa perene (entre Estados), integrando cadeias econômicas e ampliando a presença da indústria turca em nosso continente.

Turquia, OTAN e novos cenários

16 fev. 2023

Passadas menos de duas semanas do terremoto que atingiu severamente a Turquia e a Síria, em 6 de fevereiro de 2023, as tensões no eixo de poder de Ankara não param de crescer. O tema de fundo está no título. A república fundada por Kamal Ataturk pode deixar a Organização da Aliança do Tratado do Atlântico Norte (OTAN) e esta possibilidade vira todo o jogo de poder no Oriente Médio e Mundo Islâmico. A conseqüência direta pode ser muito positiva, com o rompimento das relações com o Estado Colonial do Apartheid na Palestina Ocupada (vulgo Estado de Israel). Tal medida iria ao encontro de uma posição estabilizada desde a década anterior, apontando que mais de 86% da população turca tem uma visão negativa diante da entidade sionista.

Caso a saída da aliança ocidental venha a ocorrer de fato, muda completamente o cenário da geopolítica de influência global (logo, se transformando em geoestratégia) e também no cenário doméstico da Turquia. No primeiro caso, o controle sobre a saída física de acesso ao mar Negro, por meio da presença de marinha turca nos estreitos de Bósforo e Dardanelos, equivalendo a presença naval da OTAN na outra ponta. No estreito de Gibraltar, a Inglaterra controla uma ponta da saída do Mediterrâneo para o mar — violando explicitamente a soberania do Estado espanhol. Este por sua vez, viola a soberania marroquina, pois nos enclaves de Ceuta e Melilla, a herança franquista se faz presente, auxiliando as marinhas cruzadas em mares árabes.

A outra dimensão é doméstica, pois se essa decisão for tomada, de imediato redireciona as preferências dos países do Ocidente, apontando as baterias contra o AKP, partido de Erdogan. Hoje a maior possibilidade é de uma grande aliança dos herdeiros do kemalismo (CHP e Y, seu racha mais recente de 2017) com o partido da esquerda do Curdistão (HDP) e possivelmente essa coligação contará com a simpatia de todos os países ocidentais. Evidente que caso essa relação se dê, de imediato a conta a ser acertada será não deixar a OTAN e menos ainda permitir o rompimento de relações com Israel. Dificilmente o MHP, partido de extrema direita que reivindica os governos das juntas militares (seguidas ditaduras turcas de 1960, 1971 e 1980, além do confuso protogolpe de 1997), pode constituir aliança com seus adversários diretos, sendo sempre um perigoso recurso de mobilização externa (por meios do que sobrou da Rede Gládio, por exemplo).

O mal estar com os EUA

Em julho de 2016 a Turquia experimentou um intento de golpe de Estado clássico, com sublevação de unidades militares e redes ergenekon. Importante explicar que essas redes são uma espécie de logias secretas onde juízes, procuradores, comandantes militares, empresários, financistas e pessoas influentes de juntam para atender a objetivos estratégicos. O manipulador por detrás do golpe fracassado foi o reverendo Fethullah Gülen, exilado nos EUA e comandante de um império de entidades "beneficientes", por meio do sistema Hizmet (o serviço), à frente de universidades, escolas, hospitais, centros de atendimento e difusão.

A capacidade de mimetismo da rede FETO — comandada por Gülen — é de fato bastante avançada. Logo, a presença de membros e seguidores do "reverendo" em postos-chave de países ocidentais, incluindo os Estados Unidos, é considerável. A soma dos problemas listados até agora, mais as tensões de um momento pré-eleitoral, adicionam com a evidente instabilidade social advinda do terremoto de 2023. A percepção do gabinete de Ankara que Washington está apostando na mudança de comando na Turquia é mais que realista. Isso sem falar nos relatórios reservados do MIT (serviço de inteligência turco), em que se evidenciam a presença da espionagem estadunidense na região, para além do seu aliado estratégico, os invasores europeus na Palestina.

Uma visão crítica e complexa da Turquia de Erdogan

Qualquer análise um pouco mais consistente da política de Erdogan deve separar o cenário doméstico (e o tema-chave do Curdistão), a política securitária turca (contando com a presença no mar Egeu, a projeção de poder na Líbia e a rivalidade perigosa com a Grécia) e sua política externa baseada no tripé clássico: neo-otomanismo, pan-sunita (visando uma Ummah no século XXI) e pan-túrquica (afirmando a dimensão estratégica no espaço pós-soviético de cultura túrquica e maioria islâmica). Sem esses elementos não é possível compreender minimamente a Turquia deste século, e menos ainda fazer a crítica necessária.

Recep Tayyip Erdogan chega ao poder ainda no formato parlamentarista em 2002. Era a ascensão de uma nova camada empresarial, distante da praça financeira de Istambul e se livrando da relação utilitária do kemalismo com o islã sunita. O AKP (Partido da Justiça e do Desenvolvimento) prometia combinar o islã com a modernidade econômica e a eficiência governamental. Por sorte, no período anterior, foi negada a entrada da Turquia na União Europeia (por motivos evidentemente islamofóbicos), mantendo a autonomia da lira turca e sem se subordinar para a Troika europeia (a junção do Banco Central Europeu, a Comissão Executiva Europeia e o FMI) sob hegemonia da Alemanha. Eventos drásticos, como um terremoto anterior a sua chegada ao poder e a tentativa de colocar a Turquia em um espaço próprio no Sistema Internacional radicalizaram seu governo.

Por isso insisto na necessidade de separar os níveis de análise. A situação mais delicada sem dúvida é a presença militar no norte da Síria alegando a necessidade de um território tampão para evitar ampliar os cenários de ação da esquerda turca. Por outra parte, pouco se vê desse mesmo gabinete de Erdogan quanto à cumplicidade do governo de Irbil (sede da administração regional curda iraquiana) com Israel e EUA. Os líderes dos dois maiores clãs curdos, os oligarcas líderes das famílias Talabani e a mais importante, Barzani, operavam com passaporte diplomático curdo até a segunda invasão dos Estados Unidos no Iraque. Tampouco podemos esconder que a coordenação com as forças especiais imperialistas não são mais exclusividade da direita curda, mas também de sua insurgência, operando a partir de Rojava e Qandil.

A percepção imediata é que a Turquia pode agir com vontade própria, sendo uma liderança no mundo islâmico majoritário (de maioria sunita), tendo o mesmo peso e envergadura que o Irã tem para o xiismo duodécimo, sua ampliação e aliados próximos. Ankara e Doha, representando a aliança estratégica com o Catar, podem vir a modificar o "equilíbrio" de poder no Golfo e por extensão, em todas as rotas de petróleo, gás e derivados.

Evidente que a análise realizada neste texto é quase uma evidência e de fato é prioridade para os estrategistas do Pentágono e do Departamento de Estado dos Estados Unidos. Os "falcões bipartidários de Washington" precisam evitar, a todo custo, a presença e atuação de uma Turquia voltada para os interesses dos países de maioria islâmica e deixando em segundo plano qualquer aliança com o Ocidente.

A verdade é que os EUA necessitam mais da presença da Turquia na OTAN do que ao contrário. Caso a saída da aliança ocidental venha a se consolidar, seria como uma revanche histórica ao Tratado de Sèvres e uma autêntica reversão da herança maldita de Sykes-Picot. Se Erdogan e seu gabinete decidirem de forma resolutiva sair do pacto militar com as forças militares cruzadas, a história do século XXI estará definitivamente modificada, com a balança virando a favor dos países e territórios de maioria islâmica.

REFLEXÕES SOBRE A COPA DO CATAR

Mundialização do capital e migrações forçosas

26 dez. 2022

Terminada a mais impactante competição desportiva profissional no planeta, além da histórica vitória da Argentina, temos evidências de um movimento antagônico. Por um lado, o esporte mais popular do planeta realmente alcança os cinco continentes, ainda que o alto rendimento fique concentrado nas seleções europeias e sul-americanas. Por outro, o mercado da bola da Europa, organizado pela contestada União das Associações Europeias de Futebol (UEFA), concentra um número absurdo de jogadores de alto nível, revelando ser o destino de um fluxo de capital cada vez mais intenso.

Simultaneamente, vemos outro fenômeno raro. A Europa no final do século XX e primeiro quarto do XXI observa o mesmo movimento de popularização do futebol sul-americano na década de 1920. No auge do sindicalismo classista e combativo o esporte "bretão", praticado por filhos das elites, tornou-se paixão popular e passou a encarnar os jogos corporais das massas trabalhadoras. Nos primórdios, as seleções nacionais eram compostas por um número cada vez maior de pessoas com origens no mundo do trabalho, o que fez do profissionalismo uma necessidade. Na Europa dos últimos trinta anos, as melhores equipes "nacionais", como os ciclos da França, Holanda e Inglaterra, precisam necessariamente de filhos e netos da presença colonial e pós-colonial destas potências ocidentais.

Comecemos pelo primeiro tema.

A concentração de capital no futebol mundializado

Os números são absurdos. Três clubes europeus — ou entidades esportivas que não são franquias, mas operam na forma de Sociedade Anônima de Futebol — cederam mais de quinze atletas para as seleções classificadas para a Copa. A lista completa dos dez que mais cederam, com exceção de equipes cataris e sauditas, é o espelho do capitalismo moderno. Vejamos:

Bayern de Munique (ALE)	17 atletas
Manchester City (ING)	16 atletas
Barcelona (ESP)	16 atletas
Al-Sadd (CAT)	15 atletas
Manchester United (ING)	14 atletas
Real Madrid (ESP)	13 atletas
Chelsea (ING)	12 atletas
Al-Hilal (ARA)	12 atletas
Tottenham (ING)	11 atletas
Paris Saint-Germain (FRA)	11 atletas

Obviamente, não se trata de jogadores nacionais, sequer do mesmo continente. As torcidas europeias passam a apoiar uma verdadeira Torre de Babel, muito distante das regras aplicadas antes da formação da Europa Unificada (EU). As maiores ligas da década de 1980, como a italiana, aceitavam três estrangeiros por time, depois "evoluíram" para cinco, sendo três em campo. Com a condição de atletas comunitários e a liberação, na prática, para contratação sem limites, o fator financeiro e as cotas adjuntas de patrocínio tenderam a criar escalações internacionais. Já a liga inglesa — rebatizada como Premier League — acompanhou e ainda acompanha o fluxo de capitais estrangeiros não tributados para o Reino Unido, tornando Londres um dos dois maiores centros financeiros do cassino da especulação do planeta.

Ao observarmos as chamadas cadeias globais de valor, as redes de abastecimento demonstram sua diversificação e sua presença global. Já o chamado "design estratégico" e o processo de tomada de decisões são bastante concentrados. Para agravar o quadro, boa parte das transnacionais (TNCs) operam com *holdings* em jurisdições especiais — comumente chamadas de "paraísos fiscais" — e exercem regularmente a evasão tributária, ampliando a desigualdade e concentração de renda em escala mundial. Não por acaso, boa parte dos elencos estelares das equipes profissionais são propriedade de fundos soberanos ou de não residentes, ampliando a roda da especulação e a escalada inflacionária do esporte.

Nacionalidades em disputa

Outra característica conflitante no futebol mundializado é a disputa por nacionalidades. A FIFA surpreende positivamente ao impor uma regra que proíbe atletas a trocarem de seleção após terem defendido uma equipe antes. Esse regramento é importante considerando que a Copa do Catar teve 137 jogadores naturalizados, equivalente a 16,46% dos elencos.

Dentre as seleções de "naturalizados", três chamam a atenção por serem países que compartilham o passado colonial e tensões de pertença étnico-culturais na atualidade. A primeira é a atual vice-campeã mundial, a França, que detém em seu currículo dois campeonatos mundiais (1998 na França e 2018 Rússia) e dois vice-campeonatos (2006 na Alemanha e 2022 no Catar). Na Copa da Rússia, a então campeã do mundo contava com 19 jogadores com dupla nacionalidade, especialmente no Marrocos e na Tunísia. Dos 23 convocados, apenas quatro não tinham raízes diretas em outros países.

Esse padrão já vinha da defesa futebolística da diversidade, com a seleção de 1998 sendo um padrão multicultural, conhecida como *black, blanc e beur* (negra, branca e árabe). Progressivamente, a herança da Berbéria foi diminuindo e a da Françafrique (termo pejorativo para as relações imperialistas francesas, como no Mali recentemente) passou a aumentar. Na seleção vice-campeã, são 16 jogadores com dupla nacionalidade e cinco apenas com "raízes culturais" plenas do país. O melhor "retrato" do desenvolvimento esportivo moderno e do recrutamento na periferia do país se dá com o craque Kylian Mbappé — nascido no ano do primeiro título mundial, filho de mãe argelina e pai camaronês.

O maior artilheiro francês é Just Fontaine, nascido em Marraquexe, Marrocos. Na Copa de 1958, a França estava em guerra contra a Argélia, país onde o maior craque do país, Zinédine Yazid Zidane (nascido na Marselha multicultural), tem suas raízes. Em 2022, a heroica seleção marroquina tem 14 jogadores nascidos fora do país. Já a Tunísia, com vitória histórica sobre a França na última rodada da fase de grupos, tem 12 jogadores nascidos em outros territórios. O gol marcado contra a equipe dirigida por Didier Deschamps foi convertido por Wahbi Khazri, um craque natural da Córsega (!).

Qualquer analista sério de futebol vai reconhecer que, sem os fluxos migratórios, seria impossível o desenvolvimento de França, Holanda e Inglaterra no mundo desportivo. Ao mesmo tempo, a pertença, a criação familiar e muitas vezes a revolta contra a desigualdade e o racismo da Europa incentivam atletas a jogar por países de sua ancestralidade — além de muitos outros fatores. Em contrapartida, a mundialização eleva o nível atlético, implanta academias de futebol com objetivo no alto rendimento e possibilita mais oportunidades para jogadores em seleções árabes e africanas do que nas tradicionais equipes europeias.

O cinismo pós-colonial permanente

Em 2006, o líder histórico da extrema direita francesa, Jean-Marie Le Pen, declarou sua torcida pela Itália na final da então edição da Copa do Mundo. Em 1998, disse que preferia uma "equipe nativa" a um elenco "integrado". A família Le Pen tem como alvo principal o craque francês de origem argelina Karim Benzema, atleta que defende sua origem árabe e explicita no âmbito simbólico o que o Estado e suas elites fazem com ampla dose de cinismo.

Em 2002, Jacques Chirac foi reeleito presidente francês, ao bater no segundo turno o xenófobo e fascista supracitado. Em 2022, Emmanuel Macron conquistou sua reeleição sobre Marine Le Pen, filha de Jean-Marie e herdeira política do Front National. Em tese, gaullistas republicanos e neoliberais são defensores de uma França diversa e não baseada no racismo estrutural e na xenofobia. Contudo, nas decisões de Estado, as periferias seguem de maioria árabe e africana, com altos índices de violência, narcotráfico e abuso policial.

Identificando as "populações perigosas", foram mobilizados 12.800 agentes de repressão para conter as possíveis celebrações da disputa de 3º e 4º lugar entre Croácia e Marrocos, com vitória dos primeiros. Já para a final entre Argentina e França, mais de 14 mil efetivos policiais estavam em alerta, contendo a ira ou a "alegria" nas ruas — que não veio após o triunfo de Messi e companhia. Se a força motriz do mundo industrial europeu era o proletariado, no capitalismo mundializado são as populações marginalizadas no centro do Ocidente.

A projeção da imagem palestina na Copa do Mundo do Catar

05 dez. 2022

A primeira fase da Copa do Mundo marcou uma série de momentos em que houve debate, polêmica, temas de representatividade e visibilidade de algumas bandeiras mundiais. Como era de se esperar, a correta crítica às violações de direitos humanos e do mundo do trabalho não foram proporcionais aos temas do anti-imperialismo. Mesmo com o boicote da mídia ocidentalizada, a brasileira inclusa, a chamada "teoria da brecha no jornalismo" ganhou reedição na era das redes sociais. Polêmicas, postagens, ativismo digital e embates no universo do entretenimento colocaram a Palestina na primeira, segunda e terceira telas do debate brasileiro. Discutimos o que foi emitido nas emissoras, a postagem de celebridades e os comentários posteriores de quem influencia parcela importante dos milhões de cidadãos e cidadãs árabe-brasileiros.

No Dia Internacional de Solidariedade ao Povo Palestino, em 29 de novembro, o analista que aqui escreve foi âncora e entrevistador numa live para o portal do MEMO, abordando a visibilidade da causa palestina em meio ao grande evento internacional da Copa do Mundo do Catar. A entrevista com a influenciadora brasileira de origem árabe--palestina, Hyatt Omar — radicada no Canadá —, revela ao universo do jornalismo o que ocorre com muita intensidade nas redes sociais e no ato de segunda ou terceira telas do entretenimento e da iconização das lutas contemporâneas.

Uma das passagens citadas pela estudante de psicologia da Universidade de York cita outro momento importante, da chamada segunda tela. O perfil de Mahmmud Mashni, outro influenciador árabe-brasileiro, postava uma resposta interessante. Luciano Huck, em conversa ao vivo com o repórter da rede Globo Felipe Andreoli, citou a cena emocionante do neto do treinador da seleção brasileira de futebol, Tite (Adenor Leonardo Bachi), sendo carregado nos ombros por um torcedor palestino. Vergonhosamente, Huck desconhece a bandeira da Palestina (ou seria proposital?) e afirma que "esse torcedor árabe emocionou a todos".

Mashni comentou em seu perfil: "Hoje dia 29/11 dia da solidariedade ao povo palestino, e não tinha data melhor pra eu postar esse vídeo do lucianohuck (meu querido Lulu) gaguejando e não falando que essa bandeira é da Palestina, o povo palestino e solidário em sua essência e nos seus gestos, somente conhecendo a Palestina ou o seu povo pra saber do que estou falando, o titecoach teve esse gostinho e pena que ainda não conseguiu retribuir, mas é vc quer saber mais?? Busque entender sobre a causa Palestina e as atrocidades que o seu povo sofre diariamente. lucianohuck se vc não sabia que essa bandeira é da Palestina agora sabe."

Descontando a escrita típica dos ecossistemas digitais, percebemos que existe e avança uma rede de influenciadoras e influenciadores brasileiros, especificamente de origem árabe-palestina, que podem se contrapor à desinformação do grupo que detêm os direitos de transmissão da Copa. Uma contraposição é reafirmar e demandar uma agenda positiva para esta mesma emissora. Mas cabe observar algo importante: não podemos afirmar que na editoria de esportes da Globo e subsidiárias temos apenas espinhos islamofóbicos, orientalistas e antiárabes.

Cabe destacar a presença — e as excelentes reportagens — de Pedro Bassan; do âncora André Rizek e, de forma um pouco mais tímida, do experiente comentarista Carlos Eduardo Mansur. Os dois primeiros afirmam sua origem árabe e, de certa maneira, trazem uma agenda positiva que pode facilitar a compreensão da situação da Palestina ocupada.

Palestina, o 33º país na Copa

O mundial de futebol profissional masculino tem, nesta edição, a presença de 32 países. Considerando a visibilidade de seleções árabes na primeira fase da Copa e a simpatia da maior parcela do planeta com a Palestina, sob ocupação estrangeira há mais de cem anos, podemos afirmar que a Cananeia dos Filisteus é — em solidariedade e afeto — o 33º país presente.

Na matéria de Daniel Mundim para o portal GE.com (Globo Esporte), cujo título se refere ao enunciado anterior, o repórter afirma que: "O branco, preto, vermelho e verde da bandeira palestina se mistura com as cores das bandeiras em cada jogo de uma seleção árabe no Mundial do Catar, especialmente nos da Tunísia. Torcedores de outros países da região, que não se classificaram para a Copa, prestigiam o torneio para abraçar a causa. Egípcios, argelinos, jordanianos, sírios e claro, tunisianos, marroquinos, sauditas e cataris carregam a bandeira. Muitos cachecóis com a frase 'Liberte a Palestina' são vistos entre os fãs".

Ao menos neste universo, parece as ruas árabes ainda são o maior combustível do panarabismo e, evidentemente, do apoio incondicional para libertação da Palestina. Mesmo seleções nacionais de países com elites dirigentes aliadas do sionismo — caso da monarquia marroquina —, as celebrações na primeira fase da competição trazem a todo momento a bandeira palestina.

Outra condição interessante é a empatia árabe com a seleção brasileira. As vitórias do Brasil na primeira fase foram intensamente comemoradas no Líbano. Não é de se estranhar, considerando que a terra dos cedros é a origem de mais da metade dos árabe-brasileiros (incluindo este que escreve). Também houve celebração na Palestina, com ênfase na Faixa de Gaza, no chamado Campo Brasil (herdeiro da presença de tropas brasileiras na missão da ONU em Suez), bairro da cidade de Rafah, quase na fronteira com o Egito (por sinal, vergonhosamente fechada).

Em 26 de novembro último, a Globo News enfim acatou e enunciou a presença da bandeira palestina e o fato de que torcedores árabes e argentinos a carregam em sinal de solidariedade. Nas redes sociais foi possível verificar essa mesma empatia com a simbologia política da Palestina ocupada por outras torcidas, incluindo algumas latino-americanas.

É possível ganhar o debate mundial contra a ocupação da Palestina

Após o episódio da saída do estádio, o técnico Tite encontrou o torcedor palestino. Seria apenas mais um momento de empatia nas relações humanas, se não houvesse a invisibilidade forçosa citada anteriormente. Para a grande audiência brasileira junto aos esportes em geral — e o futebol profissional em particular —, essa pode se tornar uma política permanente.

Por exemplo, uma aliança com as alas antifascistas das torcidas, com o singelo compromisso de levar uma bandeira palestina em cada partida do campeonato brasileiro da série A no ano que vem. Ou ao menos garantir a presença dos símbolos da Palestina em resistência no material digital destas milhares de pessoas comprometidas tanto com o clube como com a causa do povo brasileiro. Os exemplos da Gaviões da Fiel (Corinthians), Galoucura (Atlético Mineiro) e dezenas de outras agremiações que combateram os bloqueios promovidos pelos fascistas brasileiros — aliados estratégicos do sionismo no Brasil — anunciaram que uma nova etapa do apoio pela libertação da Palestina pode estar por vir.

NOVA
MULTIPOLARIDADE

Brasil, BRICS e a defesa do Sul Global

30 nov. 2020

Raras vezes na história da humanidade sai algo de positivo a partir do centro nervoso do capital financeiro e dos parasitas especulativos. A ideia dos BRICS pode ser uma rara exceção neste sentido, ao menos no plano discursivo. O acrônimo foi formulado por Jim O'Neill, então economista-chefe do banco de investimentos Goldman Sachs (a mesma instituição de Henry Hank Paulson, central na bolha imobiliária de 2007 e 2008, nos balanços fraudulentos e na transição negociada com o Partido Democrata quando Obama foi eleito), em estudo de 2001, intitulado *Building Better Global Economic BRICs*. À época, ainda chamados de "mercados emergentes", os três grandes países do eixo eurasiático (Rússia, Índia e China), em companhia do Brasil, eram vistos como um universo de oportunidades para a expansão capitalista. O termo-conceito BRICs fixou-se como categoria da análise nos setores mais relevantes dos meios econômico-financeiros, empresariais, acadêmicos e de comunicação.

O agrupamento em si, surge em 2006, incorporado à política externa de Brasil, Rússia, Índia e China. A África do Sul adentra em 2011, por ocasião da III Cúpula, quando se adota a sigla BRICS em definitivo. Longe de ser uma aliança formal, o fato de que grandes países se agrupem para observarem interesses comuns e trazerem consigo parte das regiões onde exercem influência direta, pode significar muito no grande jogo.

Em novembro de 2020, o presidente brasileiro Jair Messias Bolsonaro participou da 12ª Cúpula dos BRICS, a primeira realizada de forma virtual. Como em todos os percalços de sua política externa, o chanceler Ernesto Araújo, o assessor especial para assuntos internacionais, Filipe Martins e o filho, deputado federal Eduardo Bolsonaro (PSL-SP), seguiram os caminhos erráticos e irresponsáveis. Note-se que todos os citados são fãs declarados do autointitulado filósofo Olavo de Carvalho (cuja única expertise é como astrólogo). O suposto guru é entusiasta de uma "guerra cultural anti-globalista" e defensor do Ocidente contra as demais "civilizações". Não pode sair nada de positivo com esse tipo de influência na política externa nacional.

Nessa reunião de cúpula, Bolsonaro insinua uma aproximação com a Rússia a partir de sua idolatria por "homens fortes", no caso, trocando de herói imaginário, sai Trump e entra Putin. Na mesma reunião, a posição da China foi discreta e distante, sendo que o Estado confucionista é o maior parceiro comercial do Brasil. Na semana seguinte, o filho que esteve cotado para ser embaixador brasileiro nos EUA defende a proposta de Mike Pompeo para a implantação de um sistema de telecomunicações 5G, com tecnologia sob o controle dos Estados Unidos. O incidente diplomático prossegue, minando as chances de uma posição madura, altiva e ativa do Brasil no Sistema Internacional.

Infelizmente, os passos dessa diplomacia baseada na ficção vão pela contramão das potencialidades do país. Uma das saídas para o Brasil, em escala internacional, é ampliar a participação em projetos estratégicos e afirmar parcerias nesse sentido. Um apontamento básico é fortalecer a posição do Novo Banco de Desenvolvimento (Banco dos BRICS, ver e, assim, retomar as atividades do Banco do Sul como instrumento dos países sul-americanos por meio da também esvaziada Unasul. Com isso conseguiríamos financiar projetos conjuntos de envergadura — como na exploração do Pré-Sal brasileiro — e interconectar nossos territórios, desde que respeitando a soberania popular e o direito ancestral dos povos tradicionais e originários. Ao mesmo tempo, fortaleceríamos posições evidentemente anti-imperialistas em nosso continente, como as da Venezuela, bem como ocorre com o Irã, que sofre bloqueio econômico e atentados terroristas do Mossad[8].

Como se sabe, a presença do Brasil no cenário internacional por meio de uma Política Externa Independente (PEI) deve ser acompanhada de uma grande aliança com os países sul-americanos, latino-americanos e caribenhos. Na projeção brasileira, por meio do Atlântico Sul, poderíamos ter uma óbvia aproximação de vários países africanos, tanto os lusófonos, como a aliada África do Sul, como outros Estados africanos que têm o importante apoio da Agência Brasileira de Cooperação (ABC).

---

8. Mossad é a agência de inteligência nacional de Israel. [N. do E.]

Assim como no domínio interno é necessário nos livrarmos da hegemonia do capital financeiro, seu controle dos postos-chave do Estado brasileiro e sobre a autoridade monetária, o mesmo deve se dar em nível internacional. O Brasil consegue operar como um pivô geopolítico e ter algumas projeções geoestratégicas, desde que tenhamos no cenário doméstico algum consenso nesse sentido. A formação de alianças regionais e o impulso nos BRICS podem ser fundamentais para reforçar a cooperação econômica entre pares (e não apenas como uma gigantesca mina a céu aberto ou uma *plantation* de grãos), criando um impacto econômico global para promover os interesses do Brasil (nossos aliados continentais) e do restante do grupo.

Também parece evidente a necessidade do país se preparar para a fase posterior ao controle econômico dos EUA do mundo como a primeira economia do mundo e sua substituição pela China. Temos espaço para negociações dentro da disputa sino-americana e podemos condicionar a compra ou instalação de serviços e cadeias de alto valor agregado ou conhecimento sensível, tentando conseguir transferências de tecnologias e instalação de parque industrial, seguindo o mesmo critério da compra de equipamento militar (quando tão relevante como o arsenal adquirido é incorporar o conhecimento agregado).

Os BRICS também podem vir a fortalecer a atuação do Brasil para liderar os esforços internacionais na defesa da democracia, liberdades fundamentais e direitos humanos. Neste sentido, formaria um espaço importante para superar a relação hipócrita com o Apartheid colonial promovido por Israel e o apoio incondicional dos Estados Unidos aos crimes contra Gaza e Cisjordânia. É importante tirar a "bandeira dos direitos humanos" do país que é o maior violador destes direitos, mantendo várias prisões ilegais, incluindo a famigerada masmorra de Guantánamo, que ocupa de forma ilegal o território soberano de Cuba.

É preciso aumentar a influência do Grupo dos BRICS no enfrentamento das diversas questões de segurança e combate ao terrorismo em nível internacional, brecando os intentos de aventuras com agressões imperialistas frequentemente cometidas pelos países membros da OTAN. O Brasil poderia cumprir um papel estratégico neste sentido, evitando corridas de tipo realismo regional (conflitos potenciais entre países vizinhos) e contrapondo a presença hegemônica das forças estadunidenses e britânicas no chamado Escudo Atlântico. Para tal, é preciso estabelecer convênios militares com os países que comungam do oceano Atlântico em sua metade sul, aumentar a atividade da Zona de Paz e Cooperação do Atlântico Sul (Zopacas), uma iniciativa da ONU em 1986 e que tem em nosso país seu maior propulsor.

Considerando que o Brasil tem cerca de 16 milhões de cidadãos com origem árabe, e Rússia, China e Índia tem uma grande parcela de sua população islamizada, evidente que os BRICS devem projetar um papel efetivo nas questões dos países membros da Liga Árabe e Mundo Islâmico em todos os aspectos. O Brasil, em específico, tem vínculos históricos com o Líbano (nossa maior parcela de colônia árabe) e Síria, e deveria estar presente nos acertos de segurança regional e da UNIFIL, para precaver os dois países soberanos das constantes agressões do Estado Colonial de Israel. O mesmo se dá na defesa de um Estado Palestino livre, soberano e plenipotenciário, implicando recursos hídricos e extensão territorial. Por fim, os BRICS podem jogar um papel fundamental no Grande Oriente Médio, tanto em termos securitários, com a presença naval no Mediterrâneo, mar Vermelho e Golfo Pérsico, como na garantia de reservas estratégicas, superando os index especulativos anglo-saxões do Brent e do WTI.

O uso da moeda como arma de guerra e a nova bipolaridade

08 abr. 2022

Estamos diante de uma nova bipolaridade, em que a hegemonia do "Ocidente" (em geral) e dos EUA e seus aliados estratégicos anglo-saxões (Sistema Cinco Olhos) se veem realmente ameaçada. Como resposta, um ato contínuo de multiplicação de ofensivas, como o cerco no Leste Europeu, tensões no mar do Sul da China e as constantes ameaças militares no Mundo Árabe e Islâmico. Para além do emprego de força militar e guerras irregulares, a potência que saiu vitoriosa na Guerra Fria do século XX aplica suas capacidades dentro dos aparelhos de Justiça de diversos países (modalidade que conhecemos na América Latina) e condiciona o Sistema SWIFT diante de suas vontades.

Não são atos isolados, mas uma estratégia. Trata-se do emprego complexo da reserva monetária mundial e o dinheiro válido como forma de troca no comércio global. O congelamento das reservas externas da Rússia, da ordem de 604 bilhões de dólares estadunidenses — em março de 2022 — é mais uma etapa de uma modalidade de guerra total.

Uma destas facetas, além da tão falada e pouco compreendida "guerra híbrida", é o uso da lei como arma de guerra, no inglês *lawfare*. O Brasil foi vítima desta operação, diante da farsa da Lava Jato e seus operadores do direito recrutados por meio do Projeto Pontes dos departamentos de Estado e Justiça, a partir de fevereiro de 2009, nos primeiros meses da administração do democrata Barack Obama. Já outros países vistos como rivais dos EUA, como Irã e Venezuela, viram as sanções econômicas e financeiras aumentarem de intensidade no governo do republicano Donald Trump.

O "ensaio" contra duas potências médias — Irã e Brasil — maturou contra um Estado com poderio militar e excelente arranjo econômico, como é o caso da Federação Russa na Era Putin. O que vemos no presente momento é um cerco econômico, especificamente usando a moeda dos Estados Unidos, o fator dólar e seu conhecido "privilégio exorbitante", como uma arma de guerra. As respostas e saídas, evidentemente, vêm dos países cujas bases industriais, sólidos fundamentos econômicos por meio de capital fixo e capacidade de penetração financeira por meio do comércio de longa distância. O governo Biden sabe disso e toda a maquinaria dos falcões democratas e os senhores da guerra de Washington se movem neste sentido.

Não há segredo algum, é tudo feito e dito em alto e bom som. Em sua visita à Polônia ocorrida no final de março deste ano, o presidente estadunidense Joe Biden afirmou o conceito de guerra financeira, sendo a Rússia o alvo atual.

> Essas sanções econômicas são um novo tipo de política econômica com o poder de infligir danos que rivalizam com o poder militar. As medidas estariam esvaindo a força russa, sua capacidade de

reabastecer suas forças armadas e sua capacidade de projetar poder.

Em 2015 o Congresso estava pressionando a administração Obama a tomar alguma medida militar contra as instalações nucleares iranianas. Para evitar o conflito bélico, decidiram atacar o Banco Central. Stuart Levey ex subsecretário do Tesouro dos EUA para terrorismo e inteligência financeira, afirma que o Império afiou seu mecanismo usando as sanções contra o Irã como experimento:

> Eu reuni minha equipe e disse: 'Nós não começamos a usar essas ferramentas, vamos dar a ele algo que ele possa usar com o Irã. No Irã, estávamos usando facões para cortar o caminho passo a passo, mas agora as pessoas podem ir por ele muito rapidamente, ir atrás do banco central de um país como a Rússia é um passo tão poderoso quanto você pode dar na categoria de sanções do setor financeiro.

O mecanismo de pressão aprimorado é descrito pelo professor Ernani Torres neste debate.

> Eles pegam o dólar e utilizam como se fosse um bloqueio continental de 1917. Agora eu faço um bloqueio sem ter de botar navio, avião. É muito barato, muito eficaz. E reduz drasticamente a capacidade de reação do poder do oponente. Sem criar nenhum problema político (doméstico), não tem corpo de fuzileiro naval nem nada semelhante. Então, essa é uma arma testada e os Estados Unidos colocam agora contra a 10ª economia do mundo (a Rússia); é um processo que veio para ficar e do meu ponto de vista é uma reafirmação de uma nova ordem em que os Estados Unidos botam para dentro e botam para fora do sistema global quem ataca contra as regras do jogo deles (EUA) e quem estiver fora dessas regras. Eles (EUA), já anunciaram que estavam de "saco

cheio" da globalização — no meu ponto de vista, nos últimos dez anos — então a gente está assistindo um filme que tem um passado interessante.

É evidente que se trata de forma de pressão, levando tanto à escalada inflacionária (por escassez e especulação), como ataque ao PIB do país alvo, buscando encolher sua capacidade produtiva e de geração de riquezas. Nenhum aliado dos EUA fica "confortável" com essa situação, considerando que as posições no tabuleiro do poder global podem mudar e interesses objetivos dos Estados são igualmente mutáveis.

Uma lenta queda e a crise anunciada após a ofensiva nas sanções

A obra do professor de Berkeley, Barry Eichengreen (*Privilégio Exorbitante*, 2011) traz em seu subtítulo um prenúncio: "A ascensão e a queda do dólar e o futuro do Sistema Monetário Internacional". Onze anos após o lançamento do livro e quase quinze do início da farsa com nome de crise (a quebra do mercado imobiliário especulativo estadunidense, iniciada com a queda do índice Dow Jones em julho de 2007) o mapa do "tesouro" planetário parece estar desenhado. A moeda estadunidense é basicamente a substituta de Bretton Woods (em 1971), em movimento estratégico lançado pela administração republicana de Nixon, ainda em seu primeiro governo (antes do impeachment) e finalizada na virada da década seguinte por Paul Volcker (ex-presidente do FED nos governos de Carter e Reagan, de 1979 a 1987).

Podemos afirmar que o mundo hegemonizado pelo Império no final do século XX e na vitória pós-Bipolaridade foram traçados por estes dois movimentos. No artigo do economista Shahin Valée, especialista em geoeconomia europeia, está descrita a percepção dos aliados subalternos dos EUA diante de sua capacidade de veto e sanções.

> O sistema de pagamentos internacionais é a reserva monetária das cadeias de suprimentos internacionais, no caminho inverso. Não é possível cortar a Rússia do sistema internacional de pagamentos a menos que estejamos preparados para cortá-la das cadeias globais de abastecimento — ou, neste caso, do fornecimento de energia para a Europa.

O conceito citado é um absoluto, ou seja, sem o uso do dólar e fora do Sistema SWIFT, as cadeias de valor globais e o sistema de trocas ficam semi paralisados diante da ausência de meios de pagamentos e compensações. Dominar este mecanismo e poder incidir diretamente dentro dos Acordos de Basileia permite uma vantagem comparativa quase absoluta para os EUA em sua modalidade de guerra financeira.

Logo, o inverso também é verdadeiro e qualquer pretensão soberana de desenvolvimento, ou minimamente de abastecimento e realização de comércio exterior, necessita de outras moedas como reserva global e mecanismos de trocas não sancionáveis. Nossos países de origem se especializaram em resistir ao imperialismo sionista e contra a cobiça pelas reservas de petróleo. Nesta etapa do século XXI, é preciso superar o fator dólar e o controle sobre o SWIFT, e o Poder Mundial passa por ter e exercer estas capacidades.

A erosão do dólar como moeda planetária e a necessidade de espaços econômicos continentais

18 abr. 2022

O conflito russo-ucraniano e antes as sanções aplicadas contra o Irã ou qualquer outro inimigo contundente do império estadunidense e seu projeto colonial de Apartheid na Palestina Ocupada, demonstram de forma direta que nenhum agente em escala global ou continental pode estar confortável sob o risco de sofrer sanções e desligamento do Sistema SWIFT. A diversificação de investimentos, a busca constante por melhores condições nos fatores de troca e as garantias para os projetos estratégicos são três fundamentos válidos para qualquer país com vontade soberana. Logo, trata-se da admissão da derrota quando diante do problema, caso os tomadores de decisão e as instituições centrais dos países não tomem posição diante do evidente desafio.

A fusão entre o capitalismo que irradia do centro para o planeta sob a hegemonia do capital financeiro e o poder político-cultural-militar e cibernético com os Estados

Unidos à frente tem ao menos duas constâncias. Uma destas é que a "globalização serve" quando é centralizada pelos *lobbies* que operam em Washington junto ao *deep state* anglo-saxão e sionista. Se estes se veem ameaçados de alguma forma, mudam a regra do jogo e não têm pudor nenhum em ferir primeiro os aliados de primeira ordem. A outra constância é do conflito distributivo. Cada vez que a luta social consegue distribuir minimamente dentro de alguma forma "madura" de capitalismo, o centro do sistema faz o possível para implodir estas bases, sem nenhum tipo de remorso em condenar a fome, miséria e o endividamento eterno sua própria população.

Na década de 1970, uma das razões tomadas para acabar com os "trinta anos gloriosos do capitalismo sob a planificação social democrata", foi o enorme poder de compra dos salários e a massa sindicalizada no coração do ocidente europeu. Os PIBs dos países membros da OTAN eram quase meio a meio, com o peso do capital equiparado com o do trabalho, incluindo as garantias de políticas públicas e dos direitos sociais amplos. A Europa dividia poder entre a massa assalariada e as oligarquias do pós-Guerra e isso foi sendo demolido na Era Thatcher-Reagan. Outro alvo do uso da moeda como arma de guerra contra os aliados ocidentais eram as amplas margens dos chamados eurodólares e o peso do iene japonês nos anos 1970. Na década de 1990, o alvo contra o aliado foi a Coreia do Sul, justamente quando estava a colher os louros de seu processo de industrialização, oriundo de cinco planos quinquenais e com estrito controle de capitais.

Exemplos não faltam e os sintomas ocorrem novamente no século XXI, na busca por saídas para a farsa com nome de crise ocorrida no coração do capitalismo ocidental entre os anos de 2007 e 2010. O jornalista Luis Nassif, especializado em economia real e governo, nos apresenta o tema da abertura de espaços próprios para além da tirania do dólar. Estamos diante de uma constante. A abertura de zonas de comércio, trocas, reservas e diplomacia econômica em escala continental ou global, e a reação dos Estados Unidos. Se acompanharmos as medidas tomadas no primeiro governo Nixon, abordadas por este que escreve nesta mesma publicação, veremos que sempre que há uma ampliação de espaços que rumam para a soberania no uso da moeda, a Casa Branca reage. Vejamos duas evidências, a começar pelos aliados europeus.

> A partir de 2012, o Banco Central europeu se apresentou como provedor de liquidez de último recurso para mercados de ativos denominados em euros. Em 2020 foi criado o European Recovery Fund, com 850 bilhões de euros. Criou-se a expectativa de aumento da oferta de títulos AAA (os mais seguros) disponíveis para bancos centrais.

Movimento semelhante foi aprofundado pelo governo central da China em seu processo de internacionalização de capitais e abandono progressivo do uso da moeda estadunidense. A tendência é o estabelecer de um território econômico semi-autárquico centrado nas reservas chinesas, como também nos demonstra Nassif.

> Por sua vez, a China passou a investir pesadamente na internacionalização da sua moeda, graças ao aumento do comércio exterior — importações e exportações —, investimentos na Rota da Seda, uma rede global permitindo swap do renminbi com bancos oficiais de compensação e, finalmente,

a adição do renminbi à cesta de Direitos Especiais de Saque, a moeda do FMI. O próximo passo será a emissão do e-CNY, a moeda digital chinesa.

Não se trata de alarmismo, mas de seguir o empenho da segunda maior economia do planeta e que caminha a passos largos para ser a primeira. O mundo para quem depende de dólares e da vontade política das oligarquias anglo-saxãs é muito arriscado.

Perigo real e imediato

Trabalho com um princípio analítico de que se tenho dúvidas profundas, pergunto aos maiores interessados em manutenção do status quo. Se do coração das finanças europeias vem um sinal de alerta para o privilégio exorbitante do dólar e a necessidade de se buscar alternativas e da construção de espaços independentes da "boa vontade" de Washington e NYC, é mais que razoável estar atento.

O analista do Credit Suisse, Zoltan Pozsar, nos brinda com essa análise com excelente capacidade de síntese.

> Na física o conhecimento é cumulativo. Em finanças, o conhecimento é cíclico — as pessoas vêm e vão, tendemos a esquecer. Acreditamos que não há diferença entre o Lehman Brothers incapaz de devolver os fundos em dinheiro porque seu agente de compensação tripartite não está disposto a desfazer as operações compromissadas, e bancos incapazes de receber e fazer pagamentos porque estão fora do SWIFT. O risco Herstatt — risco de liquidação — deve seu nome a um acidente em um único banco. O risco no cenário atual envolve todo o sistema bancário de um país. A incapacidade dos bancos de efetuar pagamentos devido à sua exclusão do SWIFT é a mesma como a incapacidade do Lehman Brothers

de fazer pagamentos devido à falta de vontade de seu banco de compensação enviar pagamentos em seu nome. A história não se repete, mas rima. A consequência de excluir bancos do SWIFT é real, assim como a necessidade para que os bancos centrais reativem as operações diárias de fornecimento de fundos em dólares americanos.

Uma das formas de combater essa necessidade premente, o que pode levar a uma renovada e permanente corrida ao dólar, é a busca por alternativas. Para isso é preciso ter escala, e a América Latina, ou mesmo a América do Sul — começando pelo Mercosul — pode ser um pilar inicial. Tal tema é importante demais para abordar brevemente, mas vale a observação e o compromisso de texto exclusivo para logo.

O conceito-chave está apresentado. Buscar ampliar a erosão do dólar e combater o apagamento da memória coletiva sobre as crises provocadas pelas falências bancárias e a prepotência dos EUA em escala global, usando a moeda e as finanças com a eficiência de um porta-aviões. Na defesa das economias reais que garantam o bem-estar das populações, somente o arranjo de territórios econômicos complementares nos continentes pode abrir este espaço necessário. Ficar à mercê de Washington e sua tirania financeira é como estar desenganado, subordinando povos e países inteiros ao imperialismo anglo-sionista.

A prévia do G20 de 2022 e a nova bipolaridade

11 jul. 2022

A 17ª reunião do G20 vai ocorrer na Indonésia em novembro deste corrente ano. Como de costume, o evento é antecedido de prévia, ocorrida no dia 08 de julho. As expectativas pessimistas se cumpriram. O chanceler russo, Sergei Lavrov, passou o evento inteiro sendo insultado por demais colegas e sob pressão para parar a guerra. Evidentemente que se trata do oposto a qualquer esforço diplomático e tampouco as funções do G20. O problema do espaço de coordenação das vinte maiores economias do mundo é a tutela. Pensado como uma linha de transmissão para mercados emergentes no início deste século, o evento começa em 1999 apenas com a elite mundial da época: titulares de ministérios da fazenda e presidências de Bancos Centrais.

A reunião evoluiu nos últimos vinte e três anos, buscando um espaço para debater também o desenvolvimento dos mercados em ascensão, as potências médias e seu jogo de força indo de encontro com as instituições de Bretton

Woods e os vitoriosos da Guerra Fria. Segundo o Banco Central do Brasil, o G20 implica em:

> Criado em resposta às crises financeiras do final dos anos 90, o G-20 reflete mais adequadamente a diversidade de interesses das economias industrializadas e emergentes, possuindo assim maior representatividade e legitimidade. O Grupo conta com a participação de Chefes de Estado, Ministros de Finanças e Presidentes de Bancos Centrais de 19 países: África do Sul, Alemanha, Arábia Saudita, Argentina, Austrália, Brasil, Canadá, China, Coreia do Sul, Estados Unidos, França, Índia, Indonésia, Itália, Japão, México, Reino Unido, Rússia e Turquia.
>
> A União Europeia também faz parte do Grupo, representada pela presidência rotativa do Conselho da União Europeia e pelo Banco Central Europeu. Ainda, para garantir o trabalho simultâneo com instituições internacionais, o Diretor-Gerente do Fundo Monetário Internacional (FMI) e o Presidente do Banco Mundial também participam das reuniões. Desde o advento da última crise, o G-20 passou também a trabalhar em iniciativas diversas com outros organismos, países convidados e fóruns internacionais, como o BIS, FSB, OCDE, dentre outros. Ainda, a ocasião trouxe a separação da pauta do G-20 em duas trilhas: financeira, a cargo dos ministérios das finanças e bancos centrais dos países-membros; e de desenvolvimento, sob a responsabilidade dos ministérios de relações exteriores.

Dentro deste desenho estão os BRICS — Brasil, Rússia, Índia, China e África do Sul — e ainda duas potências de maioria islâmica, como Indonésia e Turquia. Considerando que Beijing lidera a nova rota de desenvolvimento mundial e a Rússia acaba sendo o país que junto com o Irã confronta a arquitetura financeira, a tendência é mudar a dimensão do fórum. De um lado ficam as instituições de Bretton Woods que ficam subordinadas aos EUA e à União Europeia (em condição de vassalagem diante de Washington). De outro, o eixo econômico eurasiático e suas múltiplas iniciativas, tendo como objetivo estratégico a derrubada do dólar como moeda aduaneira mundial e o Sistema SWIFT como o lastro que acompanha e liquida as transações do comércio internacional. Estamos diante de dois modelos de globalização e com lideranças potenciais antagônicas.

As relações Rússia e Índia e uma nova rota estratégica

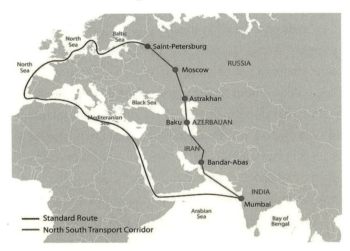

Corredor internacional Norte-Sul de transporte (Railfreight).

A nova rota ferroviária e marítima russso-indiana começa em São Petesbrugo, Moscou e termina seu trajeto dentro da Rússia em Astrakhan, quase na foz do Rio Volga no Mar Cáspio. Cruza o mar interior em barcaças, volta a percorrer por terra o Irã e sobre trilhos chega ao mais importante porto iraniano, Bandar Abbas. Na saída do Golfo Pérsico, quase no Índico, as cargas vão com destino a Mumbai, ainda no Mar da Arábia. Segundo comentários do Dr Assad Frangieh — especialista em Oriente Médio e nas relações eurasiáticas:

"A nova rota ferroviária e marítima entre a Rússia e a Índia. 30% mais barata e 40% mais curta, inclusive reduzindo a dependência do Canal do Suez. Esta foto já explica bastante a aproximação estratégica entre esses dois países e como o fortalecimento do 'leste' para os Russos é uma alternativa complementar para o comércio com o 'Sul'. Os EUA quando se viram para a Ásia, além da China agora tem que se encarar com a Rússia."

Se este percurso avançar para ampla operação, pode representar para o século XXI o que o Canal de Suez implicou na corrida imperialista do século XIX (completado em 1869) e depois com a completa circum-navegação obtida com o Canal do Panamá (1904). A diferença fundamental está no controle dos investimentos e na agenda securitária. Suez era uma intervenção britânica e francesa; já o do Panamá começou com investimentos imperiais franceses e terminou com uma invasão de território pelos EUA.

Desta vez, envolvem-se quatro países soberanos, Rússia, Azerbaijão, Irã e Índia. A nação de maioria azeri entra como aliada estratégica da Turquia e opera o frágil equilíbrio do Cáucaso. A garantia desta rota vai de encontro com as ameaças constantes de infestação salafista no Norte do Cáucaso e a permanência de alguma capacidade beligerante de fato pela Ucrânia do comediante e aliada de sionistas. Outra ameaça concreta é a das sanções econômico-financeiras, sendo cada vez menos respeitadas pelos próprios países europeus.

Para não perder o abastecimento de gás pelo Nord Stream 1, o governo alemão pediu ao Canadá que driblasse suas próprias sanções enviando uma turbina cujo destino final é a Gazprom. Outra forma de identificar essa "perda de respeito" é o aumento de importações de petróleo russo por parte da Índia (mais de 20% desde o início da guerra russo-ucraniana), sendo que o pagamento é em yuans e circula pelos bancos chineses. Essa medida, mais a passagem de carga entre petroleiros, ou troca de documentos (o Hindustão importa com desconto e revende para destinos evitando as sanções), eleva o volume de trocas entre os gigantes dos BRICS e amplia o eixo eurasiático.

A nova bipolaridade vai ser econômico-financeira

No dia 28 de junho deste ano, a 48ª reunião dos sete países mais ricos do mundo (EUA, Canadá, Grã Bretanha, Alemanha, França, Itália e Japão) terminou acusando Rússia e China de estarem se comportando igual aos Estados membros da elite mundial. Uma das formas de resposta aos avanços chineses é um fundo de investimento de USD 600 bilhões de dólares (EUR 568 bilhões de euros) a serem aplicadas em infra-estrutura e desenvolvimento de países periféricos.

A resposta de Beijing veio por meio do porta-voz de sua chancelaria, Zhao Lijan, afirmando categoricamente que "Os membros do G7 foram os que mais se beneficiaram da globalização. Em um momento crítico da resposta global à pandemia e da recuperação econômica, o G7, em vez de se comprometer com a solidariedade e a cooperação, está preocupado em alimentar a divisão e o confronto e não mostrou absolutamente nenhum senso de responsabilidade ou autoridade moral. Devo também salientar que para um grupo que representa apenas um décimo da população mundial, o G7 não tem autoridade para falar por todo o mundo, muito menos para apresentar seus próprios valores e padrões como valores e padrões universais".

A posição da China e da Rússia está explícita, convergindo para interesses econômicos comuns e visando construir uma nova arquitetura financeira mundial. Não se pergunta mais se isso vai ocorrer, mas quando será. Uma vez que ao menos um terço do comércio mundial não dependa mais das instituições controladas por 10% da população do planeta, o Grande Jogo será invertido, teremos consolidada tanto uma nova bipolaridade. Também haverá espaço de sobra para relações Sul-Sul e de potências médias e vocacionadas para liderança regional, a exemplo do Brasil (apesar do atual governo).

A interdependência armada e a guerra econômica russo-estadunidense

10 mar. 2022

Na terça-feira, 08 de março de 2022, a administração Joe Biden elevou o nível da guerra econômica, proibindo a importação de petróleo, gás e derivados produzidos pela Rússia. Embora o volume destas commodities não seja significativo no consumo doméstico dos EUA, a pressão de alta nos índices especulativos (Brent e WTI) e nos contratos futuros pode elevar o preço do barril de petróleo, equiparando com 2008, ano da crise derivada das fraudes nos empréstimos imobiliários estadunidenses.

A Interdependência Armada como conceito explicativo

O artigo assinado por Henry Farrell e Abraham L. Newman traz o conceito de Interdependência Armada e se aplica perfeitamente ao momento vivido na atualidade. Publicado pelo

MIT em julho de 2019 (publicação acadêmica International Security), o resumo do texto parece um manual aplicado pela Casa Branca, mas não no período isolacionista e bufão de Donald Trump e sim no "multilateralismo subalternizado" promovido por Joe Biden.

Na caracterização de conceitos-chave, o texto apresenta duas variáveis de controle:

> Redes altamente assimétricas permitem aos Estados com (1) jurisdição efetiva sobre os nós econômicos centrais e (2) instituições e normas domésticas apropriadas para armar essas vantagens estruturais para fins coercitivos. Em particular, dois mecanismos podem ser identificados. Primeiro, os Estados podem empregar o "efeito panóptico" para coletar informações estrategicamente valiosas. Em segundo lugar, eles podem empregar o "efeito ponto de estrangulamento" para negar acesso à rede a adversários.

Na sequência os autores demonstram como o controle do tráfego de dados, sejam informações bancárias ou binárias, implicam no domínio de fato sobre uma enorme parcela do planeta:

> Testes de plausibilidades desses argumentos em dois estudos de caso estendidos que fornecem variação tanto na extensão da jurisdição dos EUA quanto na presença de instituições domésticas — o sistema de mensagens financeiras SWIFT e a Internet — confirmam as expectativas da estrutura. Uma melhor compreensão das implicações políticas do uso e potencial uso excessivo dessas ferramentas, bem como as estratégias de resposta dos estados-alvo, reformularão os debates acadêmicos sobre a relação entre globalização econômica e coerção estatal.

Aquilo que foi "testado em modelo" pelos autores, estamos vendo na prática, em tempo real, na história do século XXI sendo escrita pela implantação de uma nova ordem geopolítica mundial e diretamente subordinada aos arranjos de poderes fáticos nos países líderes. Especificamente, a elite dirigente e classe dominante dos EUA estão em choque direto contra a minoria russa tomadora de decisão e, a partir dessa condição, todo o planeta se vê obrigado a tomar posições e se antecipar a problemas imediatos. Um exemplo direto está no conjunto de sanções contra a economia da Rússia e as consequências para a economia mundial.

Biden, Putin e o novo choque do petróleo

Os 15 países com maiores reservas de petróleo no mundo, com dados de 2021 no mundo são:

Venezuela (303.8 bilhões de barris, produção média um milhão de unidades de barris por dia); Arábia Saudita (297.5 bilhões de barris, com produção superior ao da Venezuela em 2021); Canadá (10% do total de reservas provadas de petróleo e tem o montante de 168,1 bilhões de barris); Irã (9% das reservas provadas do mundo, 157,8 bilhões de barris de petróleo); Iraque (8% de participação nas reservas petrolíferas provadas do mundo e 145,0 bilhões de barris estimados); Rússia (6% de participação nas reservas totais de petróleo provadas do mundo, com 107.8 bilhões de barris); Kuwait (6% do total das reservas mundiais provadas, possui 101,5 bilhões de barris); Emirados Árabes Unidos (6% das reservas totais provadas de petróleo, detentor de 97,8 bilhões de barris); EUA (4% das reservas totais provadas de petróleo, contando com 68,8 bilhões de barris); Líbia (possui 48,4 bilhões de barris das reservas provadas); Nigéria (possui 36,9 bilhões de barris das reservas); Cazaquistão (30,0 bilhões de barris de petróleo em reservas); China (26,0 bilhões de barris em reservas); Catar (detém 25,2 bilhões de barris, setor responsável por mais de 70% do rendimento total da nação); e Argélia (12,2 bilhões de barris da reserva provada).

Já o Brasil aparece em 16° lugar nessa lista de 2020, sendo detentor de 11,9 bilhões de barris, sendo que esse é um valor ainda estimado, porque nosso potencial é o da autossuficiência em produção e refino, alcançado em 2006, o que estaria ocorrendo plenamente, caso não fosse a gestão entreguista da Petrobrás.

Segundo a BBC, os dez maiores produtores de petróleo do mundo na atualidade são: Estados Unidos (16,5 milhões de barris dia); Arábia Saudita (11m); Rússia (10,7m); Canadá (5,1m); Iraque (4,1m); China (3,9m); EAU (3,7m); Irã (3,1m); Brasil (3m) e Kuwait (2,7m).

Em termos de produção e exportação de gás natural, a situação é muito mais delicada, em especial para a União Europeia e suas economias líderes. O gás russo significa cerca de 40% das importações desta *commodity* para o governo da Comissão Europeia, e especificamente aproximadamente 49% do gás alemão tem origem russa. Além da Alemanha, a Itália ficaria diretamente vulnerável. Uma possibilidade seria aumentar a importação de gás natural liquefeito (GNL), indo de navio dos EUA para as costas europeias. Outra via seria aumentar a produção em países como Nigéria, Argélia e o Catar; embora barreiras técnicas e de capacidade instalada sejam impeditivos.

Considerando os gasodutos e a capacidade instalada, a interdependência faz com quem qualquer tensão mais séria entre Rússia e União Europeia venha a prejudicar a ambos e favorecer a hegemonia dos Estados Unidos, incluindo o aporte em cadeias de valor estratégicas como petróleo e derivados. Outra situação de dependência do governo supranacional liderado pela Alemanha e secundado pela França está no tema da defesa.

Por mais que Paris insista na capacidade europeia em termos militares, a Aliança do Tratado do Atlântico Norte (OTAN) está longe de ser uma Europa Militar Unida e depende diretamente dos Estados Unidos, em todos os sentidos.

A reaproximação com a Venezuela como uma das alternativas

Na mesma terça, 08 de março de 2022, Dia Internacional da Mulher, o presidente venezuelano Nicolás Maduro recebeu uma delegação dos Estados Unidos. Não foi uma reunião secreta, tendo sido divulgado na Telesur e em redes sociais. Assuntos importantes foram abordados, como o contencioso e as sanções; o roubo de riquezas externas da Venezuela (como o ouro retido nos depósitos da Grã Bretanha), o caso do roubo do controle sobre os ativos da CITGO (a gigantesca subsidiária da PDVSA, estatal venezuelana) e as operações de sabotagem contra a infraestrutura do país notadamente no setor elétrico.

Como sinal de boa vontade, o Palácio Miraflores liberou Gustavo Adolfo Cárdenas, ex-diretor da CITGO com dupla nacionalidade e junto a outros cinco executivos, acusados de crimes de corrupção e contra a economia nacional. Além deste gesto, Maduro anunciou que teria uma agenda diplomática e respeitosa com a superpotência. O tema é delicado para a Venezuela, pois depende diretamente de investimentos e pagamentos russos, e se Moscou enfrentar uma recessão, expõe ainda mais a fragilidade venezuelana. Com a escalada dos preços do petróleo, pode ser a chance de diminuir a pressão inflacionária e aumentar o ingresso de divisas, além de reaver depósitos e ativos venezuelanos roubados pelas "democracias ocidentais".

Se hoje a PDVSA está fragilizada, em curto prazo pode voltar a operar com plenitude e garantir uma das bases de aporte para a Europa. Essa é uma das facetas da nova ordem geopolítica mundial, baseada em interdependência armada e cujo momento imediato se vê diante de um novo choque do petróleo.

O mundo pós-guerra russo-ucraniana e a nova bipolaridade ampliada

19 mar. 2022

Diante do conflito russo-ucraniano e obviamente, da perspectiva cada vez mais real de uma Nova Guerra Fria, unificando o Sistema Cinco Olhos (os países anglo-saxões liderados pelos EUA, secundado por Grã-Bretanha, Canadá, Austrália e Nova Zelândia) e a União Europeia em contraponto à aliança China-Rússia (nesta ordem), decidi rever alguns textos da década passada. Assim na dimensão da história recente, estamos diante de uma nova periodização.

A primeira fase do mundo pós-bipolar termina no dia 11 de setembro de 2001, quando criaturas (salafistas da Al Qaeda) atacam criadores (atingindo alvos dos Estados Unidos, seus co-patrocinadores). A segunda fase do século XXI, ou a primeira virada destes cem anos, se deu com a "Farsa com nome de Crise" (ver livro), quando o sistema especulativo de acumulação encontrou seu próprio limite, levando a maior transferência de renda da história dos países industrializados. A terceira fase seria no pós-2008 até o mês de fevereiro de 2022, quando a operação militar da Rússia na Ucrânia leva a uma guerra convencional na Europa e coloca o sistema hegemônico realmente contra a parede. Mais uma vez, assim como em 2008, os países europeus seguem as determinações de sua liderança de fato, entrando no mesmo lodaçal dos estadunidenses.

Um pouco de revisão teórica para escalonar os conflitos

Na década passada, especificamente em 2016, eu afirmava a existência de três níveis de conflitos:

O Grande Jogo: "Proponho uma análise bastante acessível, ao dividir o Jogo Internacional em três níveis. O primeiro nível é o Grande Jogo, em nível geoestratégico — portanto, ultrapassando o determinismo geográfico e o posicionamento original dos Estados".

O nível regional: "O segundo nível talvez seja o mais perceptível, onde em regiões bastante conturbadas, as potências de nível médio, operando como pivôs geopolíticos e com aliados dispostos a fazer guerras indiretas se aliam impondo suas pautas também a grandes potências. No caso específico do Oriente Médio, verificamos o jogo de Israel, Turquia, Arábia Saudita e Irã com níveis elevados de autonomia diante da força de proteção de EUA-Otan e com menor presença, a Rússia. Quase sempre os grupos dominantes domésticos costumam ter poderes praticamente absolutos de veto dentro do jogo regional quando há um nível elevado de conflito. O jogo de nível dois confunde-se com os aliados domésticos e pode pender de lado segundo a condição de domínio nos Estados e territórios soberanos".

O terceiro nível: "O terceiro nível é — de fato — o único onde os protagonistas são os povos em luta. Estes podem ter dimensão doméstica ou mesmo regional, sempre e quando há o protagonismo dos agentes que atuam a partir de países ou pertencimentos, como por meio da etnicidade".

A caracterização que apresento seria totalmente aplicável, mas especificamente no caso da América Latina. Na massa continental Eurasiática, os conflitos que ganham atenção dos países líderes, terminam sendo visibilizados ou tornados invisíveis na proporção em que são transnacionalizados. Desse modo, proponho uma revisão teórica, observando que o direito ancestral de quem reside no lugar está acima de qualquer lógica geopolítica ou geoestratégica, mas não se aplica necessariamente diante da pressão regional, internacional e transnacional nos conflitos.

Por exemplo, a entidade sionista, como inimiga estratégica dos povos árabes e de nossos países amigos, tem a capacidade de estar presente nos centros de poder e decisão em escala planetária, de uma forma desproporcional ao seu peso econômico e mesmo militar. Portanto, essa variável, os laços de proteção e vassalagem, seguem operando como definidores. Deste modo, os conflitos de tipo três fora da África Subsaariana e da América Latina, tendem a ser regionalizados pelo próprio peso das lideranças de seus entornos.

Estamos diante de uma bipolaridade ampliada

Em 2013 e 2014, este analista escrevia sobre o conflito dentro da Ucrânia e especificamente sobre a anexação da Crimeia e a projeção de poder russa.

A Rússia retomou seu espaço e gravitação no cenário internacional e isto é um fato inequívoco. Desde o final da Guerra Fria, ou seja, em pelo menos vinte anos, jamais se viu um poder estatal afrontar os Estados Unidos, contrapondo as vontades de Washington deste modo. Tomamos como marco a manobra diplomática e as reais ameaças militares proclamadas por Vladimir Putin de que, se a Síria fosse bombardeada sem o aval do Conselho de Segurança da ONU, a Rússia faria bombardeios de retaliação nos aliados dos EUA no Oriente Médio.

As derrotas russas e dos aliados sérvios ainda não foram digeridas e são retroalimentadas como uma humilhação diante da Superpotência e o "ocidente". Na Grande Rússia, os apparatchik político-militares reorganizaram a defesa para reconstruir a esfera de influência Eurasiana. Para isso, é necessário reconquistar ao menos aquilo que seria a sua área de respiro.

Os dois parágrafos citados, escritos após a anexação da Crimeia (fevereiro e março de 2014), evidenciavam que as relações macro entre EUA e Rússia caminhavam para uma posição de choque. Washington aumentaria o cerco dentro da Europa e Moscou iria garantir uma rede de segurança no espaço pós-soviético, apostando em mais integração econômica com a China e em um conflito congelado no leste europeu. Aparentemente, esta guerra tem duas dimensões simultâneas. Uma, europeia, é isolar a fronteira ocidental russa e criar a possibilidade da OTAN chegar ao Cáucaso, por todos os meios necessários.

Outra, do lado russo, além de retomar a influência estratégica no espaço pós-soviético (por meio da Ucrânia desmilitarizada) e um empate no Báltico, é estreitar a aliança com Beijing. Para tanto, o Kremlin admite que a interdependência econômica para com a China não ira virar a hegemonia do mundo caso não seja acompanhada de uma versão armada da mesma.

De sua parte, o "ocidente" aposta na escalada desta forma de guerra fria ampliada. Se não há condição de chocar de frente com a economia mais dinâmica do mundo — a chinesa — é preciso bater no aliado estratégico, criando situações de longo prazo onde toda a arquitetura financeira da Rússia terá de ser baseada no sistema chinês de compensações. O que era um ensaio de "nova arquitetura financeira mundial", com os BRICS e o novo eixo de expansão capitalista, se tornou uma realidade (acelerada) em escala eurasiática.

Na projeção de poder do Partido Democrata na Ásia, o governo Obama tentou avançar com o TPP (Tratado Transpacífico) e obteve como resposta a expansão do Banco Asiático de Infraestrutura e Investimentos (AIIB). O padrão de Bretton Woods estava sendo abalado antes do conflito Russo-Ucraniano e agora pode desmoronar.

O AIIB tem os seguintes números: "O AIIB iniciou suas operações em 2016 com 57 membros fundadores (37 regionais e 20 não regionais). Até o final de 2020, tínhamos 103 membros aprovados, representando aproximadamente 79% da população global e 65% do PIB global".

O eixo dinâmico dessa economia é a China, cada vez mais próxima de ser aliada estratégica da Rússia, realizando a aproximação que faltou na Guerra Fria do século XX para tentar realmente vencer o conflito globalizado. Para os poderes ocidentais, frear a Rússia é atingir a China, retrocedendo à década de 1950 em termos de presença geopolítica na Ásia, avançando uma casa no conflito mundial, de interdependência econômica para armada.

Já Beijing vê seus tempos acelerados pelo aliado europeu, reforçando seus laços no continente asiático e no mundo islâmico, fazendo valer a presença econômica e empresarial como forma de assegurar seus interesses.

Crise e "desdolarização" da economia mundial, superando a hegemonia dos petrodólares

25 mar. 2022

Na quinta 24 de março o presidente estadunidense Joe Biden estava em Bruxelas, para a reunião extraordinária da Organização do Tratado do Atlântico Norte (OTAN). Embora o engajamento direto da Aliança Atlântica na guerra Russo-Ucraniana seja uma opção descartada — pelo risco real de um conflito nuclear na Europa — a pressão contra a Rússia implica em um cerco geoeconômico e a consequente manobra de "desdolarização" por meios dos países atingidos.

No dia 16 de março o ex-vice de Barack Hussein Obama aumentou a tensão mundial ao declarar que considerava seu par russo, Vladimir Putin, como um "criminoso de guerra". Da guerra para a retórica, voltando aos conflitos e a escalada das sanções. Quando a situação está frágil, o imponderável pode ser prevalente. Na quarta 23 de março a probabilidade de crise na economia mundial aumenta. Dessa vez não foi diretamente fruto da guerra, mas a emergência climática.

As exportações de petróleo por meios do Caspian Pipeline Consortium (CPC) podem cair cerca de um milhão de barris por dia (bpd) enquanto conserta dois dos três pontos de atracação danificados por uma tempestade na parte russa do mar Negro. O CPC é um dos maiores oleodutos do mundo que transporta petróleo bruto do Cazaquistão para os mercados globais. Ao contrário do petróleo produzido na Rússia, o óleo cru saído do país cazaque não é alvo de sanções, mesmo sendo suas operações consorciadas com empresas russas. Não existem oleodutos ou gasodutos no subsolo do Mar Cáspio, mas sim uma linha contínua de navios (a maioria de bandeira russa), saindo da costa do Cazaquistão e desembarcando nas instalações portuárias de Novorossiisk.

O oleoduto CPC transporta cerca de 1,2 milhão de barris por dia do principal tipo de petróleo bruto do Cazaquistão, a mistura cáspia leve e azeda. O volume responde por 1,2% da demanda global e o conserto das instalações pode demorar de 45 a 60 dias, em função da falta de equipamentos e peças de alta precisão. O problema na cadeia de suprimentos, esse sim, é fruto direto das sanções decretadas pelos EUA e União Europeia (EU) contra a Rússia.

A resposta russa e as alternativas para a desdolarização

A Rússia afirmou que vai seguir os contratos assinados, mas exigir que as empresas do setor recebam o pagamento em rublos, e não mais em moedas de países não amigos. Isso implica em responder às sanções e o congelamento de bens e contas externas de oligarcas, corporações e estatais russas aumentando a autarquia armada. O peso na moeda governada pelo Kremlin vai de encontro ao uso do dólar e do euro como forma de manter os contratos em pé. O presidente da Federação Russa afirmou que, após esta decisão, a cotação do dólar em relação ao euro baixou de 1 USD para 100 rublos e, ao mesmo tempo, a cotação do gás natural subiu para 1.350 USD por mil metros cúbicos.

Já a Índia está negociando o petróleo russo em renminbi e não mais em dólar. Isso é um fator a mais da chamada "desdolarização", indo ao encontro das câmaras de compensação e comércio direto já existentes entre importantes países como Rússia, Cazaquistão, China e Irã. Com a entrada dos gigantes do Sul da Ásia, como o Hindustão e o Paquistão, definitivamente o eixo da economia muda de fato.

O maior supridor de petróleo da China é a Arábia Saudita. Por isso e a disputa direta com a Rússia, a administração Joe Biden não vai conseguir forçar a monarquia saudita a aumentar a produção da Saudi Aramco retomando o movimento de dumping como o realizado no início da década de 1980 contra os preços russos, então ainda como União Soviética.

Outro exemplo é ainda mais delicado. Os Emirados Árabes Unidos (EAU), um aliado estratégico da entidade sionista, está fazendo pose de rebeldia também, não aceitando a condição única do dólar como reserva mundial e meio de pagamento do comércio internacional. A pressão contra o dólar pode desmontar, em um prazo menor do que fora planejado por Beijing, a hegemonia da moeda estadunidense e o binômio petrodólar.

O panorama da "desdolarização" ultrapassa o cenário com as monarquias árabes do Golfo. A Organização dos Países Exportadores de Petróleo (OPEC na sigla em inglês) corresponde a treze 13 Estados (mesmo quando na condição de Estados Falidos) que possuem coletivamente cerca de 80% das reservas comprovadas de petróleo bruto do mundo. Já as maiores reservas entre os países que não são membros da Organização incluem a Rússia e os EUA.

Os países membros da Opep são Arábia Saudita, Argélia, Angola, Emirados Árabes Unidos, Congo, Guiné Equatorial, Gabão, Irã, Iraque, Kuwait, Líbia, Nigéria e Venezuela, produzem cerca de 40% do petróleo bruto do mundo, representam cerca de 60% do total de petróleo comercializado internacionalmente. Em um simples exercício de raciocínio lógico, podemos imaginar que a senhoriagem do dólar assusta de forma parcial ou majoritária os tomadores de decisão e as instituições centrais desses países anteriormente listados.

Se os EUA fizeram um "corredor sanitário" contra os capitais russos e bloqueiam o uso do SWIFT (como já haviam feito com o Irã e seguem sancionando), portanto, a economia mundo é centrada nos poderes de veto de Washington e o controle sobre o sistema mundial de compensações e comunicação interbancárias. Logo, é fundamental buscar alternativas para os destinos imediatos de suas cadeias de valor mais importantes — petróleo e derivados —, mesmo quando se trata de países vassalos da projeção de poder vinda do sionismo e da anglo esfera, como é o caso de sauditas e emirados.

O Grande Jogo na Ásia está decidido com a derrota dos EUA

A crise não se resume ao petróleo, mas ao conjunto de commodities cuja formação de preços é atacada pelos especuladores em escala global. A Ucrânia, por exemplo, responde a mais de 25% do fornecimento de trigo em escala mundo e o mais importante produtor único de óleo de girassol para a União Europeia. Na mesma commodity, a Rússia é a maior exportadora mundial do grão que o colonialismo eurocêntrico padronizou no ocidente ampliado como base alimentar. Exemplos como esse vão abundar nos próximos meses e curtíssimo prazo (de agora a dois anos). O cerco geoeconômico contra o Kremlin pode afetar o comércio mundial em uma escala realmente nunca antes vista, não ao menos desde o final da última Bipolaridade.

Corretamente, o diplomata italiano Marcos Carnelos, com longa experiência no Mundo Árabe e países de maioria islâmica, observa a robusta arquitetura econômica e financeira centrada na China e com a Rússia como aliada geoeconômica estratégica. Vejamos:

A União Econômica da Eurásia (EAEU), a Iniciativa do Cinturão e Rota (BRI), o Banco Asiático de Investimento em Infraestrutura (AIIB) e a Parceria Econômica Regional Abrangente da Ásia (RCEP) — e a dobradiça que a Organização de Cooperação de Shangai (SCO) fornece a todos esses projetos multilaterais — representam um forte padrão para a consolidação da Eurásia continental pela primeira vez na história.

O cerco geoeconômico contra a Rússia mira também na projeção hegemônica da China, um fenômeno já concreto e realizado. A resposta concreta é acelerar a "desdolarização" abrindo mais espaço para as transações entre mais de 70% da humanidade que se encontra fora da centralidade anglo-saxã, sionista e eurocêntrica.

Alternativas eurasiáticas ao Sistema SWIFT e o controle dos EUA

04 abr. 2022

As sanções e a desconexão de países inteiros ou setores estratégicos de nações concorrentes formam uma vantagem estratégica operada pelo Sistema Cinco Olhos (comandado pelos EUA) e seus aliados subalternos da União Europeia. A frágil legalidade assumida por meio de posições "de facto" da governança da Sociedade para Telecomunicações Financeiras Interbancárias Mundiais (SWIFT) é praticamente um espelho dos interesses e posições dos governos de turno dos países ocidentais. Como o próprio site oficial da Sociedade admite:

> Decisões diplomáticas tomadas pela União Europeia, em consulta com o Reino Unido, Canadá e Estados Unidos, levam o SWIFT aos esforços para acabar com esta crise, exigindo que desconectemos bancos selecionados de nossos serviços de mensagens financeiras. Conforme declarado anteriormente, cumpriremos integralmente as leis de sanções aplicáveis. Para esse fim, em conformidade com

as instruções legais do Regulamento do Conselho da UE (UE) 2022/345 de 1º de março de 2022, desconectamos sete entidades russas designadas (e suas subsidiárias designadas na Rússia) da rede SWIFT em 12 de março de 2022. Além disso, em conformidade com o Regulamento do Conselho da UE (UE) 2022/398 de 9 de março de 2022, desconectamos três entidades bielorrussas (e suas subsidiárias sediadas na Bielorrússia designadas) em 20 de março de 2022.

Evidente que todo e qualquer país que anseia por uma posição soberana, altiva e independente no Sistema Internacional precisa praticar comércio em escala mundo, diversificar suas cadeias de valor e buscar posições favorecidas nos fatores de troca. Para tanto, ainda é necessário estar dentro do SWIFT, mas especificamente conseguir escapar de sanções ou formas de pressão vindas dos EUA em sua luta desesperada para manter sua hegemonia realmente ameaçada. Em artigo de Hazem Ayyad e publicado em português neste portal, o autor nos traz importantes dados que podem fundamentar uma autarquização e interdependência eurasiática, evidentemente sinocêntrica, mas com espaço para o desenvolvimento de países aliados. Os números são realmente impressionantes.

O Sistema SWIFT opera em praticamente todos os países membros da Assembleia Geral da ONU, desde que não estejam sancionados. Também atualiza em comutação instantânea com mais de 11 mil instituições bancárias. Mas, todo o sistema é controlado, ou sob a pressão direta dos Estados Unidos e seu poderoso aparelho de inteligência e segurança eletrônica.

Por consequência, quanto maior o volume de comércio internacional que não passe pelo SWIFT, a começar pelas relações bilaterais em territórios contíguos, mais debilitado fica o sistema de comunicações interbancárias e mais possibilidades de trocas e garantias podem existir. O ativo mais importante do século XX foi o petróleo e derivados, e já passados vinte e dois anos deste século XXI, continua sendo crucial. Ayyad nos traz elementos importantes para ampliar a desdolarização e o padrão petrodólares, como já foi apontado por nós em artigo anterior.

> Putin aproveitou sua visita a Pequim em 4 de fevereiro para promover um novo acordo de gás com a China, estimado em US$ 117,5 bilhões, para escapar das esperadas sanções da OTAN e da UE no caso de não chegar a um acordo sobre a Ucrânia e as garantias solicitadas pela Rússia na Europa Oriental. O novo acordo de gás se juntou a um acordo anterior para fornecer gás russo à China através do gasoduto Power Siberia, de 8 mil km, vindo do leste da Rússia até o leste da China, que forneceu a Pequim mais de 10 bilhões de metros cúbicos de gás nos últimos três anos, e espera-se que o gasoduto que passa pela Mongólia e pela Rússia se junte a este.

As sanções britânicas forçam alternativas ao SWIFT

A Grã-Bretanha — como ponta de lança da subserviência europeia aos desígnios dos EUA — sancionou outra onda de bancos russos, indústrias estratégicas e uma série de membros de sua elite hoje. As sanções contra 59 entidades e indivíduos russos e seis bielorrussos incluíam a empresa estatal de navegação Sovcomflot e a empresa militar privada Wagner Group (com tenebrosas ligações com a extrema direita). Também foi sancionada a Alrosa, a maior produtora de diamantes do mundo, com um valor de mercado estimado em US$ 6,61 bilhões.

Alguns banqueiros e suas respectivas instituições financeiras foram sancionados e tiveram suas reservas congeladas. O Sberbank, maior banco da Rússia e seu CEO, German Gref. O banco da maior empresa do país, o Gazprombank, um dos principais canais de pagamentos de petróleo e gás russos. Também consta da lista o Alfa-Bank é um dos principais credores privados da Rússia, controlado pelo sionista Mikhail Fridman, que foi sancionado pela Grã-Bretanha no início do mês, e seus parceiros. Entre os outros indivíduos punidos estavam o magnata do petróleo e sionista Evgeny Shvidler e o fundador do banco Tinkoff, Oleg Tinkov.

Companhias estratégicas foram atingidas. A gigante do frete marítimo, a Sovcomflot/SCF pode ver complicada sua cobertura de seguro e provavelmente terá um impacto mais amplo na indústria de energia. Seu braço britânico facilita o afretamento de seus navios-tanque de petróleo bruto, transportadores de produtos, navios-tanque químicos e transportadores de gás liquefeito. Trata-se de uma enorme companhia de navegação com 134 embarcações oceânicas, capacidade de carga de mais de 11.8 milhões de toneladas e com 80 navios de classe ártica. As sanções também atingiram a companhia Russian Railways e a indústria de defesa Kronhshtadt, principal produtora de drones russos.

O Sistema MIR russo e a bandeira consorciada com o Union Pay chinês

Em todo o país e fora de suas fronteiras, o sistema de pagamentos garante a operação ininterrupta dos cartões MIR, que são emitidos por 158 bancos emissores. Trata-se de uma política de antecipação de cenários. Em 2014, depois da anexação da Crimeia, surge o Sistema Nacional de Cartões de Pagamento (NPCS), o operador de cartões "MIR". Foi criado em caso de desconexão de cartões de sistemas de pagamento internacionais. Na economia doméstica russa, organizações de orçamento começaram a abandonar gradualmente os pagamentos com cartões Visa e Mastercard. Pensões, benefícios sociais e salários para funcionários de organizações orçamentárias começaram a ser transferidos para o sistema de pagamento "MIR".

De acordo com o NPCS, no verão de 2021, mais de 50% dos russos tinham pelo menos um cartão "MIR". Ao final do terceiro trimestre de 2021, representava 25,2% de todos os pagamentos no país, com um total de 112 milhões de cartões emitidos. Um sistema de crédito internacional com bandeira dupla, assim como as grandes operadoras (a exemplo de VISA e Mastercard) opera em consórcio. A bandeira superior e que dá garantias ao sistema russo MIR é a operadora chinesa Union Pay

Os russos também podem usar cartões bancários "MIR" no exterior — nos países onde são aceitos. Atualmente existem dez países: Peru, Vietnã, Armênia, Bielorrússia, Cazaquistão, Quirguistão, Tajiquistão, Uzbequistão, Ossétia do Sul e Abecásia.

O NPCS russo propôs o sistema chinês Union Pay como bandeira internacional de seu cartão. Assim, o cartão Mir-UnionPay, que é aceito na Rússia, também opera em outros 180 países. O China Union Pay é o sistema nacional de pagamentos da China, sendo que desde 2005, adquiriu status internacional. Ultrapassou a Visa e a Mastercard no volume de transações processadas em todo o mundo desde 2015, devido ao grande tamanho do mercado doméstico, onde os sistemas de pagamentos estrangeiros são praticamente ausentes.

O sistema não para no acordo com as instituições bancárias russas. Bancos asiáticos estão habilitando este cartão com bandeira dupla. Se projetarmos o modelo para praças financeiras volumosas, como Índia, Irã e Paquistão e está montado um sistema não sancionável e autárquico da Ásia.

Um mundo perigoso para os não subordinados ao multilateralismo de Washington

03 maio 2022

O conflito russo-ucraniano deixou evidente algo já notório a mais de dois terços da humanidade. A primeira evidência é do domínio cibernético e informático do aparelho de segurança dos Estados Unidos sobre o sistema SWIFT. Ou seja, se o Império determinar, países e povos inteiros podem ficar fora do acesso ao comércio internacional, ou então necessitar de uma triangulação que eleva os preços domésticos.

A segunda evidência é que o sistema Bretton Woods, enterrado pelo governo Nixon, está sendo, de certo modo, exumado pela administração Biden e sua proposta de "multilateralismo", segundo a qual os Estados Unidos determinam o acionar tanto da União Europeia, como da OTAN e dos países anglo-saxões. Nesta escala — e nesta ordem — é como se estivéssemos novamente em novembro de 1884, até o fechamento da Conferência de Berlim, em fevereiro de 1885. Na ocasião, os poderes europeus unificados como Estados centrais industrializados, mas organizados mundialmente como impérios comerciais globais, inauguraram a nova etapa do imperialismo. O alvo de então foi a África, mas agora o problema é o conflito entre o eurocentrismo contra o polo eurasiático.

A terceira evidência passa pela projeção de poder, a partir dos espaços e arranjos regionais. O século XXI viu a ascensão da China, mas também a presença cada vez maior de poderes médios, com alcance em regiões ou mesmo continentes. Se a vontade dos agentes medianos sempre foi uma certeza, hoje é uma urgência, considerando que caminhamos rumo a uma nova bipolaridade mundial, tendo o espectro econômico e financeiro como ponta de lança desta guerra não declarada — ou quase declarada.

A quarta e última evidência (e não será o tema deste artigo), é o eixo asiático propriamente dito como polo de poder e disputa. O mar do Sul da China e o Nordeste da Ásia — incluindo o Mar do Japão e a península da Coreia — cada vez mais terão uma dinâmica própria, considerando seu vasto parque industrial e abundante capacidade científico-tecnológica. Os centros de poder local têm a correta visão de que as forças armadas estadunidenses são uma presença invasora neste cenário complexo e com condições de se tornar autárquico ou semiautônomo.

Os Estados Unidos declaram a nova ordem econômico-financeira mundial

A Secretária do Tesouro dos Estados Unidos na administração Joe Biden, Janet L. Yellen, na data de 14 de abril de 2022, fez uma importante fala no *think tank* Atlantic Council. Na ocasião, a secretária Janet explicitou a visão de guerra financeira mundial administrada pelo Império, e garantida em dois níveis, tanto por meio do G7 como se sobrepondo ao G20. A obviedade é tripla, pois Yellen afirma comandar mais da metade da economia do planeta, diz o que pode ou não ser feito na Europa e, por fim, entende que a grande recessão pode ser boa aos países anglo-saxões que não dependem do gás russo.

A senhora Janet começou afirmando que o Império e seus trinta aliados de confiança, ainda desejam comandar o planeta: "Vimos que sanções rápidas e abrangentes podem ter uma enorme força. Os Estados Unidos, juntamente com mais de 30 países, representando bem mais da metade da economia mundial, impuseram um conjunto sem precedentes de sanções financeiras e controles de exportação à Rússia."

Ao mesmo tempo, deixou evidente que o multilateralismo estadunidense é unipolar e que, comandado por Washington, busca retirar as vontades próprias dos países que possam ser neutros ou não-alinhados. Se as sanções contra a Rússia podem ser "explicáveis", considera-se que houve uma guerra de agressão na Europa, e que apenas a OTAN tem "o direito de se portar assim".

> A abordagem multilateral que o presidente Biden adotou nos permitiu impor custos significativos à Rússia, degradando sua capacidade de processar esta guerra e projetar poder nos próximos anos. Conseguimos fazer isso, por exemplo, porque o G7 e a União Europeia representam cerca de metade do comércio internacional da Rússia, e nossas instituições financeiras facilitaram a maior parte do comércio e financiamento de investimentos da Rússia. Nós, os países sancionadores, estamos dizendo à Rússia que, tendo desrespeitado as regras, normas e valores que sustentam a economia internacional, não vamos mais lhe estender o privilégio de negociar ou investir conosco.

Yellen também decretou a grande recessão, além de autorizar a corrida especulativa mundial, considerando que as commodities primárias, além de essenciais para a vida moderna em sociedade — em territórios com dezenas ou centenas de milhões de habitantes —, condicionam as cadeias globais de valor. A "mitigação" dos impactos seria ampliar a dependência em relação à Marinha dos Estados Unidos, como fiadora das escolhas ao comércio mundial, incluindo nas rotas de gás natural liquefeito (GNL) para abastecer a Europa, que não deve mais receber o mesmo volume de insumos energéticos da Gazprom.

> Ao mesmo tempo, estamos mobilizando o poder da cooperação internacional para mitigar os impactos econômicos da guerra da Rússia. A invasão terá impactos diretos na economia global devido à contração das exportações ucranianas e russas — particularmente energia, alimentos, fertilizantes e outras commodities. Quando a Rússia tomou a decisão de invadir a Ucrânia, predestinou uma saída do sistema financeiro global. Os líderes russos sabiam que imporíamos sanções severas, mesmo que subestimassem a amplitude, profundidade e coordenação das ações que os Estados Unidos e seus aliados tomariam. Estamos vendo agora preços mais altos de commodities que aumentaram as pressões inflacionárias globais e estão representando ameaças à segurança energética e alimentar, fluxos comerciais e equilíbrios externos em muitos países.

O início da superação do Sistema SWIFT

Passados mais de sessenta dias de guerra e, conforme já discutimos anteriormente, o bloqueio ao uso da moeda como meio de pagamento e fator de troca é uma arma na geopolítica europeia, na geoestratégia mundial e no rigor da geoeconomia da segurança energética. O gás russo — e o gás natural como um todo — não é tão dolarizado e nem tão precificado em bolsa como uma commodity alvo de especulação em mercado futuro. A infraestrutura é mais perene e a economicidade logística, distinta. É no fluxo que ganha o produtor e os estoques nunca são tão grandes para assegurar o provimento por mais de alguns meses.

Para tanto, é necessário mudar o sistema de comunicação interbancária e não permitir que uma força externa controle a reserva de valor de um país ou de suas empresas estratégicas. Como sempre, no sistema internacional, a vitória está no jogo de antecipações, como afirma a diplomacia russa e iraniana.

> A Rússia e o Irã têm cooperado para conectar seus sistemas de mensagens interbancárias a fim de contornar a rede de transações financeiras SWIFT, disse Kazem Jalali, embaixador da República Islâmica do Irã na Rússia, nesta quinta-feira. Ambos os países estão enfrentando severas sanções ocidentais, tornando difíceis ou impossíveis os acordos comerciais por meio do SWIFT. A Rússia tem seu próprio mecanismo de pagamento chamado Financial Message Transfer System (SPFS) que tem funcionalidade semelhante e permite a transmissão de mensagens no formato SWIFT. Foi criado como um análogo ao SWIFT que foi desenvolvido pelo Banco da Rússia desde 2014.

A possibilidade concreta é a inclusão de poderes médios, como Turquia, Paquistão e o próprio Irã na comutação do SPFS com o Cross-Border Inter-Bank Payments System

(CIPS), de base chinesa. Conforme o Banco Central da China, o sistema está em sua fase dois — e avançando.

Resta saber se os países que são polos de micro e macro regiões conseguirão se posicionar de forma altiva e soberana, de modo a não ficarmos reféns do privilégio exorbitante do dólar, lutando tanto por moedas regionais, como por uma inserção mais justa no comércio global.

ÍNDICE ONOMÁSTICO

A

Abdul Baki Haqqani, 169
Abdul Haq Waseeq, 169
Abraham L. Newman, 279
Abu Mahdi al-Muhandis, 195
Adriana Isabel Haidar, 155
Alberto Fernández, 21, 82
Alejandro Giammattei, 39
Aleksandr Grigorievitch
    Lukashenko, 184
Alexander Dugin, 127
Alhaj Mullah Sirajuddin
    Haqqani,168
Ali Primera, 69
Alikhan Smailov, 189
Álvaro Uribe Vélez, 65
André Rizek, 249
Andrés Manoel López
    Obrador, 90
Asaf Touchmair, 95
Askar Mamin, 189
Assad Frangieh, Dr., 276
Aziz Asbar, 209

B

Barack Obama, 84, 255, 262, 263, 291
Barak Rosen, 95
Barry Eichengreen, 264
Ben Shapiro, 53
Benjamin Netanyahu, 23, 34, 125, 149, 197, 208
Bernardo Arévalo, 39
Bush (pai), 23

C

Camillo Torres, 31, 65
Carlos Eduardo Mansur, 249
Carlos Lamarca, 144
Carlos Rodríguez, 52
Carlos Saúl Menem, 30, 54, 58, 155
Carter, 264
Chaim Herzog, 108
Chaim Weizmann, 110
Claudio Lottenberg, 53, 54
Collin Powell, 211

Cristina Kirchner, 61

D

Damares Alves, 127
Daniel Jadue, 147, 150
Daniel Mundim, 249
Daniel Ortega, 38
Darío Epstein, 23, 51, 52, 56
Dario Messer, 23
Dariush Rezaeinejad, 208
David Ben Gurion — Ver David Grün
David Grün, 103, 110
Diana Mondino, 21, 54, 55, 56, 153
Didier Deschamps, 245
Dilma Rousseff, 83
Donald Trump, 44, 141, 145, 149, 150, 197, 198, 201, 207, 256, 262, 280
Douglas Bravo, 70

E

Eamon Mullen, 58
Ebrahim Raisi, 24
Edmundo Novillo Aguilar, 24
Eduardo Bolsonaro, 256
Eduardo Elsztain, 61
Eduardo Eurnekian, 23
Eduardo Menem, 58
Edward Said, 196
Einat Kranz-Neiger, 37
Ekrem İmamoğlu, 217
Emmanuel Macron, 204, 245
Erlan Turgumbayev, 188

Ernani Torres, 263
Ernesto Araújo, 129, 256
Evgeny Shvidler, 300
Evo Morales Ayma, 32, 33, 34

F

Fadi al-Batsh, 209
Fawzi Salam, 150
Federico Gutiérrez, 64
Federico Pinedo, 153
Felipe Andreoli, 248
Fereidoun Abbassi Davani, 208
Fernando Lugo, 42
Fethullah Gülen, 235
Filipe Martins, 256
Francia Márquez, 63
Freddy Mamani, 33

G

Gabriel Boric, 91
Gamal Abdel Nasser, 144, 198
Gamal Hemdan, 209
García Márquez, 65
George Soros, 61
German Gref, 300
Gilad Erdan, 108
Glenn Greenwald, 128
Guilherme Boulos, 147, 148
Gustavo Adolfo Cárdenas, 283
Gustavo Neffa, 52
Gustavo Petro, 31
Gustavo Petro, 63, 67, 93, 94

H

Haji Muhammad Idris, 169
Hameedullah Akhundzada, 169
Hazem Ayyad, 298, 299
Hazem Qasem, 108
Henry Farrell, 279
Henry Hank Paulson, 255
Horacio Cartes, 23
Houari Boumedienne, 198
Hugo Chávez, 34, 69, 89
Hugo Rafael Chávez Frías, 65
Hugo Rafael, 71
Hyatt Omar, 248

I

Ibrahim al-Dhaheri, 209
Ihor Valeriyovych Kolomoyskyi, 128, 129
Imam Shamil, 163
Iván Duque, 66, 227, 229, 232

J

Jacobo Árbenz, 39
Jacques Chirac, 245
Jaime Garbarsky, 95
Jair Messias Bolsonaro, 32, 125, 129, 130, 141, 142, 143, 145, 154, 256
Janet L. Yellen, 304, 305, 306
Javier Milei, 21, 22, 23, 24, 30, 43, 51, 52, 53, 54, 56, 57, 58, 60, 61, 153, 154, 156, 157

Jeanine Áñez, 32
Jean-Marie Le Pen, 245, 246
Jeremy Corbyn, 147
Jim O'Neill, 255
João Cândido, 144
Joe Biden, 142, 165, 202, 222, 262, 279, 280, 293, 304, 305
John Milton Rodríguez, 64
Jonathan Enav, 37
José Alberto Albano do Amarante, 209
José Barbaccia, 58
José Gervasio Artigas, 76
José Salim Mattar Jr., 130
Juan Guaidó, 33
Juan José Galeano, 58
Juan Manuel Santos, 66
Just Fontaine, 244

K

Kamal Ataturk, 215, 233
Kamala Harris, 202
Karen Longaric, 32
Karim Benzema, 245
Karim Masimov, 189
Kassym-Jomart Tokayev, 188, 189, 191
Kast, 31
Kayrat Satyboldy, 190
Kazem Jalali, 307
Kemal Kilicdaroglu, 215, 219
Khalil ur Rehman Haqqani, 169
Kylian Mbappé, 244

L

Lacalle Pou, 75, 76, 79
Lenin Moreno, 90
Leonardo Leiderman, 55
Luciano Huck, 248
Luis Arce, 24, 25, 33, 34
Luis Caputo, 56, 60
Luis García Casas, 29
Luis Nassif, 269
Luiz Inácio Lula da Silva, 43, 81, 83

M

Macri, 59
Mahmmud Mashni, 248
Majid Shahriari, 208
Manuel Marulanda, 64
Manuel Tovar, 38, 39
Marcelo Chávez, 95
Marelen Castillo, 63
María Nela Prada, 33
Marine Le Pen, 246
Martín Menem, 58
Massoud Ali Mohammadi, 208
Mehmet II, 230
Messi, 246
Michael Lynk, 116
Michelle Bachelet, 116, 117
Mike Pompeo, 149, 256
Mikhail Fridman, 300
Mirta Malena Haidar, 155
Mohammad Reza Ashtiani, 24
Mohammed al-Zawari, 209
Mohsen Fakhrizadeh, 207, 208, 209, 211
Moishe Mana, 96
Molvi Abdul Hakim, 168
Molvi Abdul Salam Hanafi, 168
Molvi Ahmed Jan Ahmedi, 169
Molvi Ameer Khan Muttaqi, 168
Molvi Muhammad Yaqoob, 168
Molvi Noor Jalal, 169
Mostafa Ahmadi Roshan, 208
Muchtar Ablyazov, 191
Mullah Abdul Ghani, 168
Mullah Abdul Haq, 169
Mullah Abdul Latif Mansoor, 169
Mullah Abdul Mannan Umeri, 169
Mullah Hidayatullah Badri, 168
Mullah Khairullah Khairkhwa, 168
Mullah Muhammad Essa Akhund, 169
Mullah Muhammad Fazil Mazloom Akhund, 169
Mullah Muhammad Hassan Akhund, 168
Mullah Muhammad Younas Akhundzada, 168
Mullah Noorullah Noori, 168
Mullah Rehmatullah Najib, 169
Mullah Taj Mir Jawad, 169
Mustafá Kemal Ataturk, 229
Mustafá Kemal, 71
Myriam Bregman, 30

N

Naji Nahas, 130
Najibullah Haqqani, 169
Nayib Bukele, 232
Nayib Bukele, 36, 40, 91
Nicolás Maduro, 25, 26, 33, 69, 70, 71, 72, 73, 88, 283, 284
Nicolás Morás, 127
Nicolau II, 182
Nir Barkat, 39
Nixon, 264, 269, 303
Noam Chomsky, 211
Nursultan Nazarbayev, 188, 189, 190, 191

O

Olavo de Carvalho, 127, 128, 256
Oleg Tinkov, 300
Orban, 145

P

Paul Craig Roberts, 48
Paul Volcker, 264
Paulo Guedes, 130
Paulo Salim Maluf, 130, 210
Pedro Bassan, 249
Pinochet, 151

Q

Qari Din Mohamamad Hanif, 168
Qari Faseehuddin, 169
Qassem Soleimani, 195, 199

R

Rafael Correa, 34
Rafi Eitan, 67
Rammal Hassan Rammal, 209
Rasmus Paludan, 137
Raúl Reyes, 66
Reagan, 264
Recep Tayyip Erdogan, 25, 26, 71, 135, 139, 140, 215, 216, 218, 219, 223, 227, 232, 234, 235, 236, 237
Ricardo René Haidar., 155
Riyad Alhalabi, 153
Róbson Carloch Valdez, 83, 84
Rodolfo Hernández, 63
Rodrigo Díaz, 95
Roque Fernández, 52
Rosario Murillo, 38

S

Saddam Hussein, 196
Samir Naguib, 209
Samit Abish, 190
Samuel Gilliad, 210
Santiago Mitre, 91
Sara Fernanda Giromini, 126, 127, 128
Sara Winter (Ver Sara Fernanda Giromini)
Sebastián Piñera, 31
Sergei Lavrov, 273
Sergio Massa, 30

Shahin Valée, 265
Sheikh Molvi Nurullah
    Munir, 168
Sheikh Muhammad Abbas
    Stanakzai, 169
Sheikh Muhammad Khalid,
    169
Sheikh Noor Muhammad
    Saqib, 168
Shireen Abu Akleh, 101, 102,
    105, 106
Simon Jacobson, 23
Sinan Ogan, 215, 216
Slobodan Milosevic, 149
Steve Bannon, 44, 142
Stuart Levey, 263

T

Thales Valenti, 164, 167
Theodor Herzl, 108, 109, 110
Theodor Herzl, 96
Tite (Adenor Leonardo Bachi),
    248, 251
Tufy Kairuz, 164, 172

U

Ulf Kristersson, 137

V

Vladimir Putin, 183, 184, 190,
    256, 262, 288, 291
Volodymyr Oleksandrovych
    Zelenskyy, 128, 129, 184

W

Wahbi Khazri, 245

X

Xiomara Castro, 36

Y

Yahya al-Mashad, 209
Yair Klein, 67
Yisrael Katz, 32, 52
Yusuf ibn Ayyub ibn Shadhi
    (Sultão Salahuddin), 136,
    198, 203

Z

Zabiullah Mujahid, 169
Zhao Lijan, 277
Zinédine Yazid Zidane, 244
Zoltan Pozsar, 270

Este livro foi composto com fonte tipográfica
Cardo 11pt e impresso sob papel pólen 80g/m²
pela gráfica Evangraf para a Coragem.